谁坑了中国企业？

Challenges of Overseas Chinese Enterprises

刘洪 著

四川人民出版社

序

当今世界，格局裂变，企业称雄。

近年，越来越多的中国企业纷纷出海，劳务输出，并购矿企，拓展市场，像吉利并购沃尔沃、万达拿下AMC的“蛇吞象”事件，震撼世界市场，也展示了中企的实力和胆略。

但总体而言，在过去20年尤其是最近10年，中企“走出去”合同累累，但成果不彰；收获不少，但失败更多。让人痛心的是，巨额学费虽然是企业交的，但实际上却是全体纳税人的钱财。

随着“一带一路”构想的实施，大批中国企业还将大步迈出国门，可以说前方“机遇和挑战并存，坑蒙与拐骗同行”。

“坑蒙”，是我们确实存在大量的劣质商品和无德商人，横行世界，极大地损害了“中国制造”和中国人的声誉。“拐骗”，则是在“走出去”过程中，也充斥着风险、隐藏着陷阱。当冤大头的，往往是我们中国人。

作为一名新华社财经记者，在多年的海外报道中，我接触到了不少这样的企业。很多企业还是国有企业，他们的一些亏损，尤其让人心痛。

由此，我搜集整理了大量的具体事例，试图阐述“走出去”过程中存在的种种陷阱，这里面既有发达国家对崛起中国的疑虑和猜忌，以所谓“国家安全”设置的意识形态屏障；也有中国企业不按常理出牌引来当地人民的反感以及不遵循市场规律和当地法律而造成的苦果。

它山之石，可以攻玉。亡羊补牢，犹未为晚。希望中国企业在海外亏损少些、再少些，凯歌多些、再多些。中国企业的海外表现，实则也关系到中国经济的平稳发展，乃至整个中国崛起的底气和豪气。

目录 CONTENTS

中国淘金矿工加纳惊魂

你可能以为这是中国的某个地方。错了，这是在非洲的加纳。但这种景象的产生，确实与中国有某些关系，路透社这篇文章的主旨就是：中国人正在深入加纳这个西非国家——在过去几年，越来越多的中国淘金者涌入加纳。

“挖掘机隆隆作响，废弃的坑洞被褐色的死水填满，村长的豪华越野车停在路旁……”

这是2011年3月14日路透社一篇文章的开头。

你可能以为这是中国的某个地方。错了，这是在非洲的加纳。但这种景象的产生，确实与中国有某些关系，路透社这篇文章的主旨就是：中国人正在深入加纳这个西非国家——在过去几年，随着国际金价一度居高不下，越来越多的中国淘金者涌入加纳。

▲在加纳警方一次行动中逃跑的中国矿工的宿营地

从颇有画面感的开头寥寥数语中即可看出，至少在某些西方媒体眼中，大量的中国人进入加纳，是加纳的灾难而非幸运，他们带走了黄金和财富，却留下了腐败和环境灾难。

事实真是如此吗？ 且看英国《金融时报》的另一篇报道：在加纳中部的小村庄曼帕塔西，2010年这里来了10名中国人，他们的当地合伙人说，他在这里有采矿许可证。于是，“推土机把一片片点缀着油椰树和可可树的森林变成了一片泥地”。

应该说，对于相对贫穷的加纳当地人来说，中国人的到来，至少在刚开始的时候，还是颇受欢迎的。当地人希望能从采矿中获益，希望因此改善他们的生活。只是，随着大量的金矿的开采，利益分配的不公，环境的破坏，某些中国人的做法，让一些当地人产生了怨恨。

试想一下，一边是腰包鼓鼓的中国采矿队，一边是依然贫困的当地人，巨大的反差难免产生心理的不平衡，也难免会有一些当地的好事者推动小摩擦不断加剧。

在曼帕塔西村，根据该村村长纳纳·阿吉亚·奥乌苏的说法，100多名中国人都生活在村子周围的营地，为防范当地人的骚扰，他们还雇佣了当地的保安，持枪保护他们的安全。而之所以“持枪保护”，从另一个侧面说明，中国人在当地的安全形势堪忧，成为了被攻击的对象。

但在异国他乡，再多的保安也未必管用，尤其是考虑到当地政府态度的变化。

2012年10月11日，6辆满载武装军警的卡车冲入中国人的营地，局势一片混乱，约90名中国人被军警带走，不少中国人在慌乱中逃入森林，其中一名陈姓少年在逃跑中被加纳军警开枪击毙。中国驻加纳大使馆披露，小陈来自黑龙江，跟随父亲和舅舅等人在金矿上打工，被打死时只有16岁，在国内，正是读初三或高一的年龄。

这种悲剧是中国矿工淘金加纳面临的一系列问题的缩影，而且，类似悲剧还在不断发生……

对于抓捕行动，加纳官方的理由冠冕堂皇，他们说军警是在开展执法工作，逮捕涉嫌非法采矿的外国人。

很多中国人进入加纳淘金，确实也有"非法"之嫌。

根据加纳的矿业法，只有加纳人能获得小金矿的采矿执照，也只有加纳人才被允许从事淘金工作，外国人只能从事大规模的露天金矿开采。这意味着中国人即使进入加纳，也不能直接下到矿井从事开采，最多只能给当地的小金矿提供辅助活动。

在加纳的中国人，确实有合法的商人，他们向缺乏资金的当地矿主投资，并投入采矿机械，但这种收益显然有限；更多的中国人，大都是体力劳动者，他们只是希望通过淘金快速实现发财梦。

于是，这就产生了很多的所谓"变通"渠道。据当地人介绍，一些中国人通过种种手段，建立了一个包含当地合伙人的开采联盟。联盟中，有拥有采矿许可证的加纳当地人，也有当地的村长或部族首领，甚至有一些安全警卫。

比较通行的做法是，中国经营者向当地合伙人支付一笔2万美元左右的预付款，然后开采金矿，利益共享。自然，中国经营者占大头，当地合伙人则可得到产值的10%左右。

▼加纳的金矿开采现场

按照行业协会加纳矿业商会首席执行官托尼·奥宾的估算，截至2011年，在加纳淘金的中国人达数千人，很多名义上由加纳人持有的金矿，实际上都控制在中国人手里。而随着中国人的介入以及大量资金的投入，加纳黄金产量大增。2011年，加纳全国黄金产量为360万盎司，其中30%来自小型矿场，相比之下2010年这一比例则不到25%。

除“非法”外，中国人在加纳淘金，还经常性地被指责为“掠夺”财富。

掠夺之一，则是如上所述，大部分收益都归了中国人，当地人所得甚少，或者只进了村长等个别人的腰包，这激起当地普通人的反感，甚至一些地方政府有时也忍不住出手予以打击。在2012年，除了上面案例中提到的造成一名中国人丧生的突袭之外，在另一次清查行动中，约有25名中国人因非法开采被逮捕。

掠夺之二，是严重破坏环境。在接受中国媒体采访时，中国驻加纳大使馆发言人于杰就坦承，淘金确实会给当地带来一些问题，比如侵占农民耕地，污染农村水源等。如果补偿得当，环保措施过关，问题应该不会激化。但过关意味着更多的金钱投入，而这等同于经营者出让部分利益。对部分中国经营者来说，他们唯一的目的就是多赚快走，根本不顾后面的影响，这自然引发当地居民的强烈不满。

以曼帕塔西村为例，按照《金融时报》的说法，尽管开采方承诺会在采矿后恢复环境，但除了付了少量的补偿外，恢复环境的承诺根本未兑现。

彭博社2012年10月曾报道：加纳中部一个叫恩温纳索一的村子

边上有块地，被一名当地人买下，说是要找金子，村民们几乎无人反对，“接着来了几十个中国人，带着挖掘机，毁坏了农田，把当地小河变成了泥沟”。

掠夺之三，则是一些政客和媒体的炒作。对某些西方人或西方媒体而言，加纳乃至整个非洲，传统上都是欧洲人的殖民地，现在中国人渐有取代他们地位的势头，西方难免产生某种失落感，进而在舆论上竭力歪曲中国投资。该案例引述的不少报道都来自西方媒体，从行文中就可见他们明显的倾向性。

此外，加纳等非洲国家的某些政客，出于夺取执政权的考虑，也乐于在竞选中攻击中国投资者，以换取一些不满的当地人的支持。长此以往，中国投资难免被妖魔化。

最后，某些中国人不注意尊重当地人和当地文化，而且，某些中国老板相对严苛的管理条件，一些被披露的中资管理层不注重劳工安全，甚至招募童工的传闻，都损害了中国人的形象，增加了中国投资在当地的风险。

以上文提到的恩温纳索一村的开矿事件为例，当地头人马克斯韦·奥乌苏就控诉说：“中国人毁了我们的地，我们的河，他们有皮卡汽车和枪。他们用的是大机器，最后土地很难复耕。”

必须要指出，尽管一些中国人在加纳淘金有“非法”之嫌，但问题也不能完全归咎于中国人。

加纳首都阿克拉的民间组织综合发展中心主任史蒂夫·曼泰奥说，一些当地矿主缺乏资金，主动跑到中国寻求投资，“他们会找到有钱人，给他们看自己的执照，说道：‘来吧，一起做生意。’许多中国人到加纳来的时候，还以为他们直接采矿是合法的。”

在与加纳官方交涉时，中国驻加纳大使馆方面也指出，这些被加纳官方逮捕或指控非法的中国人，其实也是受害者，因为相当一部分人是被当地的蛇头和矿主欺骗来淘金的，他们付出了昂贵的“出国费”，往往也只能以获得超级收益的方式来弥补损失。

要彻底解决这一问题，加纳官方其实应从源头着手，严厉打击从事非法淘金的中介蛇头和矿主，制止他们的非法活动，而不仅仅抓捕受害的中国公民。

但从源头治理，谈何容易。尤其是在法律制度不是特别健全的非洲国家。中国人在加纳的遭遇，其实也发生在其他不少非洲国家。许多中国劳工不明就里，以为去外国就能实现淘金梦，即使有风险也不愿意轻易撤出，这使得风险越积越大，最后如果无法妥善处理，则可能爆发恶性事件等悲剧。

当然，对中方而言，须切实加强出口劳动力中介的管理。很多国内的中介，往往向出国人员收取重金，并许以种种海外美丽前景，不少人上当受骗后，却是求告无路、退款无门，一些与黑社会性质组织勾结的中介，更逼迫出国人员沦为事实上的“包身工”。

应该说，现在在保护海外公民权益方面，中国驻外使领馆较以往有诸多进步。发生恶性事件后，往往第一时间启动相关措施，与当地部门进行交涉，并会给予同胞必要的帮助。2012年有中国人被加纳军警打死之后，中国驻加纳大使馆就多次要求加纳官方妥善处理此事，被抓的中国人大多也很快得到了释放。

▼ 中国淘金客被抓后的金矿

但部分中国人“违法”理亏的现实，当事国复杂的政治社会背景以及某些外交官的官僚习气，使得中国海外公民权益仍经常受到侵害，有时甚至危及海外公民的生命安全。

在非洲大陆，一次悲剧发生后，往往可能会平稳一段时间，但随后往往发生新的悲剧。

曼帕塔西村村长奥乌苏就说，他有次去查看村里工地上的矿工时，看到一中国男子和两位中国女性从竹篱笆后紧张地向外窥探。几分钟后，这名男子走到路边，与奥乌苏握了握手，路边有一枚被遗弃的红色子弹壳。由于该男子不会说英语，奥乌苏也不会讲汉语，交流就到此为止……

中国矿企开发缅甸铜矿风波

不可忽视的是，在缅甸民间，基于对过去军政府时期政策的逆反情绪以及缅甸民族主义情绪的抬头，某些缅甸人对中国态度复杂，激进者更试图挑动民众与中国对抗。

缅甸是中国的邻国，丰富的矿藏，相对友好的关系，吸引了不少中国企业赴缅甸投资。但进入21世纪第二个十年，缅甸政治格局发生了巨大变化，从而让一些中国投资面临诸多变数。其中，就包括莱比塘铜矿项目。

据我常驻缅甸仰光的同事张云飞介绍，莱比塘铜矿位于缅北实皆省蒙育瓦县，与萨比塘铜矿、萨比塘南铜矿和七星塘铜矿组成蒙育瓦铜矿四个矿段。

莱比塘铜矿被认为是缅甸最大的铜矿，这其实是一个合资项目，由中国万宝矿业与属于缅甸军队的经济控股公司（以下简称“经控公司”）合作开发，设计年产量为10万吨阴极铜。另两个铜矿相对较小，年产量4万吨铜，是中国万宝矿业从加拿大艾芬豪矿业公司手中整体收购而来的。

按照相关协议，万宝矿业将向莱比塘铜矿投资10亿美元，向另两家铜矿投资5亿美元。

具体到莱比塘铜矿的利益分配，根据缅甸国防部部长维伦中将2012年12月23日在议会的介绍，大致情况是：按照国际标准扣除56%的成本后，缅甸政府可得16.8%的利润，缅甸经控公司可获13.8%，而百分之百投资的中国万宝矿业则可获得13.33%。

至少从公开资料看，莱比塘铜矿对缅甸方面贡献颇多，而且，它的开发还能创造出众多就业岗位，促进该地区的开发，提高当地人民的生活水平。应该说，这完全可以成为一个双赢的项目。

但让中方意想不到的是，2012年铜矿开工前后，当地不少村民游行反对。2012年11月，一些激进者更堵塞矿区工地，并和政府军警发

▲莱比塘铜矿开采现场

生冲突，项目施工不得不停止。按照《人民日报》的相关报道，很多大型施工车和施工机械停在山谷中，“进行了一半的土方挖掘工程全部停顿下来”。由于工程停工，当时估计每月损失高达200万美元。

为什么看上去双赢的项目，当地民众会群起反对？其中的一些因素，不得不引起高度重视。

村民最开始的理由是征地补偿不够。按照西方媒体的调查，为拿到新矿所需的7800英亩（合3160公顷）土地，万宝矿产向当地居民提供了一英亩600美元的补偿款。

▲缅甸当地民众抗议莱比塘铜矿开发，警察在现场维持秩序

《人民日报》的文章也披露，整个莱比塘铜矿需搬迁4个村庄442户居民，至停工前已完成搬迁的达229户。按照万宝矿业相关人员介绍，中方项目公司使用土地时，土地补偿标准由当地政府确定并经缅甸政府高层审批通过，在土地补偿过程中，中方按照就高不就低的原则，以高于缅方数倍的标准支付土地补偿金。万宝公司土地补偿金的累计支出已达500万美元，而用于为村民建设新村、寺庙以及搬迁费用也超过了600万美元。

此外，为解决失地农民的就业问题，万宝公司还提出搬迁农户每家至少安排一人在矿区工作。此外，万宝矿产还出资为当地村民挖水井，捐赠净水设备。公司十分注重同当地的社区融合工作，积极参与当地社会公益活动，促进了当地的经济社会发展。

尽管支付了高于当地标准的土地补偿金，但对期望值很高的村民来说，钱还是太少了。在要求更高补偿款的同时，一些村民又提出了环境保护、佛塔保护等问题。

如果说这些还都是正当的要求，双方总可以谈判解决，那么一些抗议者借此提出与项目无关的政治要求，甚至扬言要把莱比塘铜矿项目变成密松水电站第二（中缅合作建设的密松水电站项目，2011年9月30日被缅甸政府以民众反对为由宣布中止），这就使事件复杂化了。

随着缅甸政局的变化，报禁结束，私营媒体纷纷出现，面对这种与外企争端的案件，媒体多是一边倒地抨击中国企业，当地村民则不断游行示威。

这当中也存在一个问题，就是缅甸处于政治大变局过程中，政府的威信受到质疑，一些企业以前存在盘剥和破坏环境的情况，让缅甸老百姓很气愤。

作为破解之道，2012年11月23日，缅甸联邦议会人民院一致通过全国民主联盟（民盟）一议员的提案，要求总统成立一个由公众信任人士和组织组成独立的国家级委员会，重新评估蒙育瓦莱比塘铜矿项目。一周后，缅甸总统吴登盛任命极具声望的人民院议员昂山素季担任调查委员会主席。

从最终效果看，昂山素季出任调查委员会主席，很大程度上解了缅甸政府的困境，也挽救了这个险些夭折的铜矿项目。2012年11月29日，昂山素季按照行程前往蒙育瓦铜矿地区视察。我在缅甸的同事就说，昂山素季去蒙育瓦如同去其他地区一样，受到民众的普遍欢迎。从曼德勒驱车到蒙育瓦铜矿地区仅100多公里，路况不差，由于沿途民众自发欢迎，昂山素季的车队竟然用了约5个小时。

很多村民为了见昂山素季等了有8个小时。昂山素季在了解情况后，向上万名来自铜矿地区的民众发表演讲。

作为一名杰出的政坛女性，昂山素季的演讲很富有感染力。她说："我们国家虽然已经走向民主，但是道路非常崎岖坎坷。在这条崎岖坎坷的道路上，请求大家能够团结一致，携手共进。"她接着话锋一转直奔主题，说："做到团结一致并不容易，因为你不能只做自己想做的事情，要考虑大家的利益，把自己的利益放在后面。只有这样，我们的国家才能够发展。"

昂山素季说，关于在这个地方发生的事情，我们要以有识之士的眼光来看待。我们要考虑如何做，如何处理问题，才能让世界承认我们国家是一个有水平的国家。让国家有尊严是每个人的责任。

她还向民众坦陈："我在跟民众打交道的时候也并不是一个总取悦你们的人，我只是实话实说，人民不喜欢我的话，也可以说出来；喜欢的话，也可以说出来。我可以做出一个肯定的承诺，那就是我不搞政治欺骗，也不搞目光短浅的政治。我要为国家长远利益考虑。"

调查委员会花了整整3个月时间，进行了大量实地和深入的调查，于2013年3月11日向缅甸总统吴登盛递交了调查报告。次日，调查委员会通过官方报纸公布了关于莱比塘铜矿项目的最终调查报告全文。

这个报告相对客观，我们也可从中发现铜矿遇阻的根源所在。

报告最后结论部分这样写道：莱比塘铜矿项目出现问题的根本原因是缺乏透明度。此外，项目实施者、当地村民、附近地区民众、地方政府各级机构之间信息沟通不足，相互交流太少；当地村民们没有拿到合适的土地赔偿金，也没有得到合适的就业机会。因此，村民产生不满，开始出现示威活动。在土地征收时，相关部门工作人员没有透彻地解释，因此村民们以为这只是对农作物的赔偿。在赔偿时，一些工作人员没能友好地与村民打交道，导致问题严重化。在这种情况下，该地区外部的多个组织介入，示威活动升级。

根据委员会的调查，虽然铜矿项目有些不足，但是可以整改。因此，从经济、社会、环保和国际关系等各个角度综合考虑，调查委员会建议采取整改措施，继续实施莱比塘铜矿项目。调查报告一公布，观察家们给予很高评价，普遍认为最终调查报告客观公正，具有专业水准。

3月13日，在调查报告公布后的第二天，昂山素季又赶到蒙育瓦铜矿地区，劝说村民接受调查结果和相关建议。

3月14日下午2时许，在铜矿地区的东村，昂山素季还一度被少数不满民众围困。但在她的努力下，多个反项目组织也开始转向，要么表态支持，要么保持沉默。

有意思的一幕是，3月17日，铜矿地区出现了一次别开生面的村民游行，他们打出支持昂山素季的标语，并将这次游行称之为向昂山素季道歉并谴责粗鲁对待昂山素季的游行。

万宝矿业也表示，将积极配合执行委员会，与缅甸的合作方一起，努力用新的更高的标准，增加征地赔偿、增加村民就业机会，把加强与村民沟通、加大环保力度、支持当地发展、推进公益事业、改善矿区民生等方面的工作做得更细更好，更令民众满意。

经过一番波折后，莱比塘铜矿项目得以继续，但显然，反对者仍不乏其人，如果有风吹草动，摩擦仍在所难免。

这里面也有一个不可忽视的问题，那就是缅甸民众对中国的复杂感情。

从政府层面，至少在公开场合，中缅关系一直很亲近。

2013年4月，博鳌亚洲论坛年会期间，中国国家主席习近平会见了参加论坛的缅甸总统吴登盛。习近平说，中国坚持睦邻友好政策，努力使自身发展更好地惠及包括缅甸在内的周边国家，促进本地区共同发展。

对一些热点问题，习近平主席也说，中缅双方“不为风雨所动，不为外力所扰”，坚定不移推进中缅友好事业。此外，双方要推动两国经贸合作持续发展，“中方鼓励和支持中国企业参与缅甸国家建

▲缅甸掸邦南板县，作为和中国交接的特区，中文在这里已经是广泛使用的语言

设，希望双方密切配合，确保惠及双方的重大合作项目顺利实施”。

他的言论得到了吴登盛的积极回应。吴登盛说，缅方期待着同中国新一届领导集体保持交往，推进互利合作，落实好有关项目，推动缅中全面战略合作伙伴关系取得新进展。缅方致力于国家改革开放和稳定发展，希望继续得到中方支持，欢迎中国公司继续参与缅甸经济建设。

2015年6月11日，习近平主席在会见应邀到访的昂山素季时说，希望通过这次访问，你能够更深入地了解中国和中国共产党，这有助于增进双方相互理解和信任，为两党两国关系发展打下更好基础。也希望你和全国民主联盟继续发挥建设性作用，积极引导缅甸民众，公正理性地看待中国和中缅合作，为两国关系发展增添更多正能量。

习近平主席的话内涵丰富。对此，昂山素季表示，缅中两国是邻居，而邻居是不可选择的，致力于两国友好关系发展至关重要。她所领导的缅甸全国民主联盟重视缅中友好，钦佩中国共产党领导中国取得的巨大发展成就，希望通过此访深化两党关系，推动两国人民之间的友好关系向前发展。

从未来看，缅甸尚处于对外开放的初期，中国企业有着得天独厚的优势，吸引中国投资，将是缅甸加速经济发展的重要动力。

但不可忽视的是，在缅甸民间，基于对过去军政府时期政策的逆反情绪以及缅甸民族主义情绪的抬头，某些缅甸人对中国态度复杂，激进者更试图挑动民众与中国对抗。

在莱比塘铜矿风波中，《人民日报》就引述万宝矿产管理人员的话说，针对铜矿的抗议事件起初只是一些村民不满土地补偿金而引发的，此后随着外部政治势力的不断介入，它已经不是一个单纯的经济事件，抗议者们提出的目标和诉求包括“解散军方背景的经控公司”，“中国人滚出去”等政治口号，整个事件已经被彻底政治化。

缅甸政局正处于重大变化期，随着政府管控的削弱，势必出现各种言论，某些极端主张也不乏市场。在很多地方都有很吊诡的现象，那就是最亲近的对象，有时往往成为最仇视的对象。尽管这可能是一小部分人的声音，但往往会激发极大波澜，更不乏别有用心者从中挑拨并以此渔利。

中国企业赴缅投资，机会仍不少，但困扰显然也不能低估。

▲开发中的莱比塘铜矿

上汽40亿跨国买教训

无休无止的罢工，愈演愈烈的亏损，让企业根本无法经营下去，上汽最终选择了甩袖离开。因为在不大幅裁员重组的情况下，上汽即使有钱对双龙注资，也只是在填一个“无底洞”。

本是一个甜蜜的开始，最后却转为苦涩的结局。

2004年10月28日，在当时还被称为汉城的韩国首都首尔，中国上汽集团与韩国双龙汽车公司达成协议，前者以5亿美元收购双龙48.92%的股权。

双龙成立于1954年，是韩国五大汽车企业的老幺，以生产SUV（运动型多功能车）、RV（休闲汽车）和高级轿车为主，同时生产大型客车、特种车、汽车发动机和零配件。

但双龙的汽车路坎坷颠簸。1997年，双龙公司因资不抵债而被大宇集团收购。两年后，大宇集团解体，双龙分离出来成为独立的上市公司。但在国内外的激烈竞争下，双龙应变乏术、亏损连连，企业濒临破产。截至1999年底，双龙负债达3.44万亿韩元（当时折合约30亿美元），自有资本滑到负613亿韩元（约合5330万美元）。

韩国债权集团急于收回投资，双龙于是被插标出售。当时除上汽外，美国通用汽车、法国雷诺汽车和雪铁龙汽车以及印度的塔塔集团都表达了竞购意向。

上汽5亿美元的出资最得韩国债权人欢心，于是揽得双龙而归。此后，上汽又先后10多次购买双龙股票，使其持股比例上升至51.33%，成为双龙的控股股东。

中国最大的汽车企业，并购了韩国老五的亏损企业。一些韩国人心情复杂。我驻韩国的同乡兼同事张锦芳先生就说，这起并购“异样地拨动了韩国人难以名状的心理，引起了与正常的国际交易不甚和谐的声音”，因为韩国人已习惯于韩国企业到中国投资，不曾想到中国的企业投巨资到韩国来收购企业。由此，部分韩国人担心，双龙被并购将会导致所谓“先进汽车制造技术”流向中国。

这种心态，也为日后上汽铩羽而归埋下了伏笔。

但对当时的韩国债权人和韩国企业界来说，上汽并购双龙，是一个不错的选择。从当时的世界汽车格局看，韩国已成为世界第五大汽车生产国，但国内市场有限，走向海外是生存发展的唯一出路。邻近的中国则有广阔的市场空间，双龙与中国企业结盟，对双龙来说绝对利大于弊。

张锦芳先生曾回忆说，韩国债权团主权债银行朝兴银行行长崔东洙在接受他采访时，就以韩语的“相生”两字来形容这次并购。

“相生”，翻译成通顺的汉语就是“相互依存”“相辅相成”之意。崔东洙说，债权团看好中国的汽车市场，通过此次并购，双龙将获得进入中国市场的重要契机，发展无可估量。

但让上汽万万没有想到的是，并购最终会是血本无归。

在上汽入主双龙前的2002年和2003年，双龙汽车的销售量分别为16万辆和15万辆；上汽入主后的2005年，双龙销售量只有14万辆。双龙出售当年，经过结构调整扭亏为盈，实现盈利410亿韩元（约折合0.42亿美元），但上汽收购后的2005年，双龙亏损马上变成了1033亿韩元（折合1亿美元）。

上汽也经营乏术，随后更是一筹莫展。亏损在扩大，工人更不满。2008年，双龙的汽车销量更比前一年减少了29.6%。

为扭转状况，上汽试图大刀阔斧改革，首要之举是裁减冗员，但这随即成为导致上汽出局的导火索。裁员决定遭到工会的强烈反对，为此双方不断发生冲突。工人长时间罢工，甚至一度围堵中国驻韩国大使馆。一些韩国工人更是指责上汽盗窃韩国技术，并指责其未履行注资承诺。

双龙的经营由此一团糟，上汽更在韩国灰头土脸。

2009年，在劳资谈判无果之后，上汽随即拱手让出了对双龙的控制权。2009年2月6日，韩国法院宣布双龙进入破产重组程序。上汽的股权大幅缩减到不足4%。按照一般的估计，在入主双龙的5年间，上汽亏损了近40亿元人民币。

韩国属于儒家文化圈，与中国文化渊源深厚，但让上汽料想不到的是，韩国的商业环境与中国截然不同，这也注定了上汽最终会败走韩国。

最大的败因，则是对韩国强大的工会了解不够。

我不少在韩国的同事都表示，工会可以说是韩国社会的“一霸”，在企业经营中处于相当强势的地位。每年春季和夏季，工会都会与资方协商要求增加工资和福利待遇，企业的经营活动需要工会的配合，甚至雇用和解雇工人也需要得到工会的认可。

如果要求得不到满足，工会常常会采取罢工、抗议，甚至占领工厂等激烈手段，迫使资方就范。因此在韩国的新闻中，经常可看到工人与资方发生冲突的场景。以前，中国人是看笑话，但没有想到，有一天，这样的场景也发生在韩国工人与中国企业身上。

在韩国诸多工会中，双龙工会隶属于韩国民主劳动总联盟。该组织素以采取激烈手段与资方斗争而闻名。双龙汽车多次死而复生的独特经历，使得工会力量尤其强大，笃信以斗争手段确保眼前利益的方式，大不了再换一个东家。

有鉴于韩国的国情，上汽当初在竞购双龙时，曾承诺会全员雇用现有员工，从而获得了工会的首肯，也最终使竞购成功。但不想，该承诺随即成为上汽经营双龙的“紧箍咒”。随着双龙业绩的不断下滑，裁减员工、重整公司成为必然的选择。但裁员立刻遭到工会的强烈反对，上汽也面临“背信弃义、不守承诺”的道德抨击。

由此，冲突在随后几年多次发生，通常的情况都是以上汽让步而结束。

韩国工会的强势和攻击性，让上汽的派驻人员印象深刻。曾担任双龙首席执行副社长的蓝青松在接受媒体采访时曾抱怨，在双龙，一些工会成员“一恼火就抄起一本书朝你脸上砸过来，或者把桌子轰地掀掉”。

在其他上汽派出的高管办公室，办公桌甚至被工会成员扔出窗外，墙壁也被工会的成员用锤子凿出一个窟窿。

在上汽接手双龙的5年，共经历了三届工会。第一届工会制造了2006年夏天持续一个多月的“玉碎”大罢工，并一度到中国使馆区聚集，造成交通大拥堵，引起韩国社会的关注，给双龙当年业绩造成很大损失。

第二届工会上台后，在当地市长等多方面的协调下，工会承诺2007年一年不罢工，但条件是双龙管理层答应给予工人工资两位数的增长。

到了第三届工会时期，也是双龙经营最困难时期，对于上汽的重组努力，工会除了不予理睬就是罢工。按照上汽方面的话讲，为了避免矛盾进一步升级，上汽不下六次联系工会，要求“当面交流”，但都遭到工会拒绝。

对于外来者的上汽，双龙工会在两个议题上左右开弓，让上汽陷入百口莫辩的境地。

一是指责上汽盗窃双龙先进技术，二是指责上汽未履行注资承诺。

在第一个问题上，2006年6月，上汽与双龙签订了一份项目授权合同，按照这份合同，上汽在中国的子公司SMC有权使用双龙汽车SUV“Kyron”车型相关技术，制造和销售基于该技术变更设计的衍生SUV及零配件。

但工会随即予以强烈反对，并指责技术转让费用过低。工会并对外界宣扬，这是上汽在向中国转移双龙核心技术的阴谋，并为此举行大罢工。对此，上汽方面表示，这是正常的技术贸易，技术转让协议有合同文本支撑，转让价格也符合国际标准，根本不存在窃取技术或损害双龙利益的问题。

但工会方面依然不依不饶，在外人看来，这与韩国对中国企业的复杂心态有着密切的关系。一些韩国人已习惯于居高临下地看待中国人和中国企业，因此对于双龙沦为中国企业子公司，心有不甘，更戒心重重。

事实上，类似的技术合作，也存在于美国通用与其收购的韩国大宇之间以及法国雷诺与其收购的韩国原三星汽车公司之间，他们之间不存在“技术外流”，但上汽和双龙就存在问题，其中的“异样目光”显而易见。

在工会制造所谓“技术转移”问题后，韩国司法当局多次对双龙进行突击式的调查，对上汽的声誉造成了负面的影响，更助长了工会的斗志。

▲不肯罢休的韩国工会员工

至于第二个问题，所谓在5年内投资1.2万亿韩元的承诺，上汽方面的解释是，这是基于“2010年实现30万产能”的预期，但是实际产能没有这么大。当初制订计划时，并没有明确投资来源。上汽的理解是，1.2万亿韩元应该来自于双龙自身的滚动发展和融资能力，而不是上汽直接投资。但这样略显勉强的解释，显然不可能得到工会方面的认同，也让韩国舆论更偏向工会一边。

无休无止的罢工，愈演愈烈的亏损，让企业根本无法经营下去，上汽最终选择了甩袖离开。因为在不大幅裁员重组的情况下，上汽即使有钱对双龙注资，也只是在填一个“无底洞”。

进入破产程序后的双龙，裁员依然是一个必然的选择，因此对抗依然不断，甚至工厂里铁棍飞舞，燃烧弹横飞。

最终，在2009年秋天，韩国警方不得不实施“镇压作战计划”，以强硬态度终结了长时间的罢工。韩国《中央日报》这样报道当时的“镇压”场面，“警察的直升机在上空盘旋，着火的轮胎升起黑烟，弹弓飞舞的工厂与战场没有太大差别……”

双龙由此走上了重整的道路，但这一切，已与失去了大股东地位的上汽没有太大关系了。

2010年，双龙汽车被出售给印度马恒达汽车公司。

上汽并购双龙，曾是中国企业在韩国最大的一起并购事件，但最终以眼泪收场，其中既有外部经济环境变化的因素，导致双龙汽车销售不畅；也与韩国独特的企业文化背景有关，使得企业改革裹足不前，最终错失反转的良机。

中国企业要想在韩国市场驰骋，这些因素都不得不察之。

其中最主要的，就是必须认识到韩国工人和工会的力量。

韩国人性格刚烈，产业工人更注重集体的力量。因此，在韩国劳资纠纷中，工会一直沿用过去政治斗争中激进的对抗方式，动辄采取罢工、游行、占领工厂等极端手段，使得外国投资者对韩国工会“谈虎色变”。

韩国《文化日报》与韩国社会舆论研究所2006年在韩国进行的一项调查显示，84.4%的被调查者认为韩国整体环境不利于企业经营，30.5%的人认为工会的无理要求导致韩国企业经营困难。

譬如，在夏季，工会一般会采取“夏斗”，即通过罢工等手段要求加薪，加薪幅度动辄要求每年10%。而工会很少考虑企业的实际经营状况，造成韩国工人工资上升的速度远远超过了GDP增长。这成为韩国制造业竞争力减弱的一个重要因素，也使得企业与工会之间的矛盾日益尖锐。

当然，这种罢工并不仅仅针对中国企业，比如韩国的现代、通用大宇等汽车企业也曾爆发过长时间罢工，使企业蒙受重大经济损失。

在强势的工人和工会面前，人生地不熟更害怕引发外交麻烦的中国企业处于更加弱势的状态。而一些韩国舆论更是对中国企业戴有有色眼镜，添油加醋，无理搅三分，使中方处于无力回天的境地。

在入主双龙时，上汽也曾为此做了些准备。比如，为派驻双龙的员工讲述韩国文化，分发由韩国人撰写的相关情况介绍。上汽还为驻韩国的管理层发放专门基金，在韩国员工婚丧嫁娶的时候，按照韩国的风俗“送礼”。

这有助于密切管理方与个别员工或高管的关系，但在对中国充满疑虑的整个社会大氛围下，却很难改善与工会的关系。这其实需要中韩之间持续不断的交流，让一些韩国人了解中国人和中国企业，不必对中国企业在韩国并购产生抵触心理。

当然，上汽最终铩羽而归，尤其是技术转让和承诺注资方面，也不无瑕疵。在异国他乡，尤其是舆情敏感的韩国，大胆承诺、缓慢践行，加剧的是外界的疑虑。而在技术转让方面，即使是完全按照商业合同，也需做好充分的沟通，避免给有心者以炒作之机。

上汽并购双龙失败，彭博通讯社发表的一篇分析文章就认为，对上汽这样的中国企业而言，向海外市场扩张是一件相当棘手的事情，“它们并不受机遇的青睐，从世界范围看，并购活动经常实现不了应带来的价值，对像中国这样缺乏并购经验的企业来说，风险就更大”。

一般而言，海外并购是一个累积经验和教训的过程，欲速则不达。通常，实施并购的企业可以先进行小规模的并购，然后慢慢扩大并购的范围和对象。国际上的重大并购，并购方往往会对并购对象进行多年的观察和分析，并对并购的风险做出充分的评估和准备。

上汽的出师不利，在后来的中国企业海外并购案中，经常可以看到。其中的教训，彭博通讯社归纳为5条，或许可与其他企业共飨。

1.了解哪种方式对自己更有效，不要认定常规的并购是唯一的选择。

2. 清楚并购的动机以及自己的竞争力，然后指定明确的投资主题。

3. 了解并购应达成的协议，提出并回答一些问题来测试你的投资主题。

4. 清楚应如何开始整合，并迅速获得有价值的重要资源。

5. 了解并购协议偏离正轨时的对策，建立早期预警体系并迅速行动。

具体到韩国市场，还必须认真处理好与工人和工会的关系，包括处理好与韩方高级管理团队的关系。如果你足够自信，你当然可以炒掉原有团队、另起炉灶打拼；但在海外更复杂的环境下，团结一切可以团结的人，尤其是团结熟悉韩国市场的当地高管，让他们来贯彻你的发展战略应该是更好的途径。

中钢在澳洲的甜蜜和苦果

中钢海外拓展的重点，是矿产资源丰富的澳大利亚。借助于在澳洲的海外项目，2009年中钢成功跃升为《财富》杂志评选的全球500强企业之一。但在收购澳大利亚中西部矿业公司方面，中钢也是伤痕累累。

在“走出去”的央企中，中钢集团无疑是最早吃螃蟹的一批。

中钢海外拓展的重点，是矿产资源丰富的澳大利亚。借助于在澳洲的海外项目，2009年中钢成功跃升为《财富》杂志评选的全球500强企业之一。但在收购澳大利亚中西部矿业公司方面，中钢也是伤痕累累。

2008年，中钢出价约14亿美元，收购了澳大利亚中西部矿业公司98.52%的股权，这也是中国企业首次海外“敌意”并购案。之所以称之为“敌意”，是因为中西部矿业公司一度拒绝中钢的报价，认为铁矿石对中国来说具有战略意义，还可以要价更高。

当时国际金融危机尚未爆发，被外国巨头垄断供应的铁矿石价格一路暴走——2008年力拓和必和必拓的铁矿石价格提高了近100%，这让作为下游厂家的中国钢铁企业蒙受了巨大的损失。

作为央企的中钢在海外找矿，自然受到了外界极大的关注。而此前，中钢在澳大利亚恰那铁矿项目上获益良多，以至于在国内有中钢“不生产一吨钢，也没有一个钢铁厂，但钢铁业离不开它”的感叹。

这项仓促的收购，在当时的特定环境下，赢得一片掌声。

对于中西部矿业，中钢一度雄心勃勃，其重点开发项目是“Weld Range”铁矿石项目。根据初步规划，该项目2013年投产，2014年初发运首批铁矿石，预计未来15年可年产1500万吨铁矿石。

如果一切顺利，中钢无疑将成为铁矿石行业的一个有力竞争者，并由此可并购更多的铁矿石项目。

但计划总赶不上变化。2011年，中钢不得不宣布，暂停“Weld

▲中钢在澳大利亚收购的铁矿项目现场

Range”项目的开发，大部分的勘探工作中止，相当部分的工作岗位被裁减。

收购中西部矿业公司，终于显露出了苦果。

2011年5月，时年56岁的中钢集团总经理黄天文被免职。中钢的投资黑洞、财务乱象逐步被披露。

按照《经济参考报》披露的资料，2009年，中钢集团向国资委报告利润5.8亿元，但扣除政府补助、汇兑收益等非经营性收益后，主营业务实际亏损了3.8亿元。

大胆决策、果断拍板，真正的并购玩家，没有一点魄力和胆量，显然不能在江湖扬名立万，更别提收金搂银。

但过于果断，则是武断。中钢在澳大利亚中西部矿业投资上的困境，很大程度上就是武断蛮干的结果。

在解释“Weld Range”铁矿石项目为何搁浅时，中西部矿业将问题主要归结于澳大利亚西岸奥卡吉深水港发展的不确定性。

按照中钢的说法，奥卡吉港口和铁路项目，是澳大利亚政府为改善澳大利亚中西部地区的基础设施、开发当地矿产资源而计划新建的项目，项目总投资35亿美元，最初预计2011年建成，是澳大利亚当年推出的最大规模的基础设施建设项目。但不想工程一再延误，加上成本不断超支，工程能否在2015年完工，实在是一个未知数。

“奥卡吉港口和铁路项目不断延期，将给公司业务带来重大影响，事实上，将令公司每年蒙受1亿澳元的损失。”中钢中西部矿业公司首席营运官朱利安·米泽拉（Julian Mizera）在一份声明中如此表示。

可以说，在拿下中西部矿业公司之后，中钢并未取得物流主导权。造成的结果就是，即使大量的铁矿开采了出来，你也没法运出去。有媒体引述相关知情人士的话说：“他们没有拿到港口的投资权，原来准备扩建和修建的港口项目又被其他国家拿去了，未来也不会好到哪儿去。”

这里面牵涉到的是澳大利亚的“矿业江湖”——在澳大利亚，必和必拓和力拓无疑是地头蛇，它们掌握了西澳大利亚的德黑兰和丹皮尔两大港口，在这两家运能都感到紧张的时候，怎么可能分一杯羹给中钢集团？另外，中钢是个外来者，虽然规模无法和“两拓”相提并论，但总是一个威胁，要“两拓”让出部分运能帮助中钢，中钢也确实有点痴心妄想了。

中钢投资出错的另外一个大问题，则是铁矿石的品位问题。在当初出资并购时，中钢认为中西部矿业的储藏以赤铁矿、红矿居多，但及至入主该公司并开始开采后，才发现这里的赤铁矿埋藏非常浅，绝大部分是磁铁矿。这自然极大地抬高了提炼的成本。

此外，随着世界经济走软，铁矿石价格开始下跌，而澳洲劳动力成本又在不断上升，中钢终于难以为继，中西部矿业生产一度陷入困境。

这其实不是中钢在澳大利亚第一次遭遇困境。曾经被引以为傲的恰那铁矿石项目，也迭生波折。

恰那铁矿为中钢集团与力拓合资，双方合营协议是中国冶金进出口总公司（中钢集团前身）与力拓集团于1987年签署的，项目于1990年正式投产。根据协议，中钢集团出资40%，负责每年向中国包销1000万吨铁矿石。

▲开采中的中钢澳大利亚项目

在铁矿石价格一路狂飙的市场行情下，恰那铁矿成为中钢集团的摇钱树。据了解，光是恰那一个项目，中钢澳大利亚公司在2007—2009年三年间，就给集团贡献了超过2亿美元的利润。

这2亿多美元，还不包括中钢贸易公司将铁矿石倒卖给钢厂和贸易商的差价。2009年，铁矿石长协价和现货价每吨差价平均约10美元，恰那年产量1250万吨，这意味着，中钢贸易公司将恰那所生产的铁矿石包销出去后，每年可获得的利润约在1亿美元以上。

如此赚钱的买卖，中钢没有理由不续约。但能否续签，什么条件续签，却非中钢能够左右。

因为在恰那铁矿项目上，中钢的身份仅仅是合伙人，它的权力是如何包销产品，但以什么价格获得包销权，却是力拓说了算。在铁矿石价格不断走高的时候，力拓难免不会狮子大开口。

根据相关的合同，在恰那铁矿项目合资初期，中钢并不用付给力拓资源费，2006年修改合同后，中钢付给力拓的资源费也就3—5美元/吨左右。但到了2010年，力拓陡然将这一价码提高到近10美元/吨！这意味着中钢的利润已所剩无几。

但由于自身缺乏筹码，中钢除了接受也别无他法。2010年12月，中钢签订城下之盟，续约恰那铁矿石项目。根据延期协定，原本2012年到期的恰那铁矿项目合营专案将延长5年，其间双方将共同从恰那铁矿再开采5000万吨铁矿石，中钢集团对此拥有100%承购权。

对中钢集团来说，盈利已大不如前。按照知情人士的说法，“恰那铁矿项目依然可以增加中钢集团的销售额，但对利润的贡献可以说几乎为零”。

中钢进军澳大利亚，一度获得了不错的收益，也交出了昂贵的学费。就后者而言，强势的领导人黄天文扮演了重要的角色，可谓是“成也萧何、败也萧何”。

在黄天文执掌下，中钢快速扩张，2003年中钢销售收入只有130亿元，到2007年突破1200亿元大关，四年增长了867%。按照国家统计局发布的中国最大500家企业集团排名，中钢由2003年的第105位上升到2007年的第21位。

但黄天文在果断决策中，也不乏武断。《经济参考报》报道，对于澳大利亚中西矿业收购项目，中钢内部多位高层表示异议，但时任“一把手”的黄天文根本没有采纳逆耳之言。他对此的解释是：“矿的投资都是投资大，回收时间长，难度大的项目，不会立竿见影，不少人看不到未来的前景。”

这种快速做大做强的背后，则是隐患众多，风险重重。

比如，在对一个矿业项目没做出充足评估前，就敢大胆拍板，投资数亿乃至数十亿美元购买，如果物超所值或物有所值，那还确实不错；一旦不值这个价格，甚至中间埋有地雷，那购买的就不是资产，而是噩梦了。

还有，购买任何项目时，必须对基础设施予以高度关注。一、若基础设施需要大量投入，是否值得？二、若没有建设的条件，那再好的资产，也没有实际利用的价值。在中西矿业问题上，中钢受阻就主要在基础设施问题上。

另外，大宗商品投资额大，还有周期性。如果在高价格时杀入，一旦落入非景气周期，那投资者将是亏损连连，欲哭无泪了。必和必拓、力拓都在甜蜜和苦果间徘徊，更何况中钢。

也是在澳大利亚，中信集团下属的中信泰富的中铁（Sino Iron）项目，2006年动工，原先估计开发成本25亿美元，但到2014年的开支

▼尽管中国公司大力拓展澳洲资源市场，但这里仍是西方企业的天下，图为必和必拓的铁矿场

已高达100亿美元，其中一项就是劳动力成本高企。按照《华尔街日报》的说法，澳大利亚法律对中国劳工输入有严格的限制，迫使中信泰富不得不聘用当地和其他国家的技术工人，而其他海外工人的签证及安置费用达到了5万—8万美元，这不能不说是一项沉重的负担。

而根据澳大利亚政府的数据，截至2012年，澳大利亚采矿业工资水平在过去七年上涨了40%。

当然，在澳大利亚，除成本高企、政府疑心外，还有环保方面的严格管制。蒙混过关，侵犯工人权益，结果将是得不偿失。仍以中信泰富项目为例，由于在铁矿中发现了大量石棉，为确保采矿工人安全，中信泰富还不得不花费100万—300万美元来清理这些石棉，这又提升了开发成本。由此，巨亏已是必然！

相较于其他国家，在资源类项目投资上，澳大利亚政府虽对中国企业有诸多限制，但还算开明。但中国企业要想在澳大利亚站住脚，也必须有长远的眼光、明智的判断和有效的监管，不然，即使国内能赚钱，那也就等于将国内的盈利填补国外的亏损了。

华为难撼美国潜规则

为区区200万美元的交易，中美两个大国显然不值得这样的折腾。显然，在各方的斡旋下，对最后结果无望的华为只能再次吞下苦果。但在我看来，这与其说是华为的失败，更是美国的失策——一再拒绝中国投资的事例，将美国的潜规则暴露于世人面前。

在美国投资的中国大企业中，华为可能是遭遇最悲情的一个。2011年，华为收购美国三叶公司（3Leaf Systems）部分资产的交易，虽只有区区200万美元，但在美国一些政客的操弄下，最后只能无奈放弃。

三叶是一家位于美国硅谷的高科技软件企业，创立于2004年6月，其核心专利技术是一种基于云计算的技术。按照双方达成的协议，华为将斥资200万美元收购该公司。为避免节外生枝，2010年9月17日，华为公司就收购涉及的技术出口问题，主动向美国商务部申请许可。

毕竟只是200万美元的小收购，美国商务部回复："无须许可。"按说，这项生意应该就此达成了。

但让华为始料未及的是，噩梦降临了。一些美国媒体和政客开始质疑，华为此番收购不简单，可能暗藏不可告人的目的，最终会损害美国国家安全。

"国家安全"，是美国政客批评中国企业在美国投资的最大法宝。2008年，华为联合贝恩资本收购3Com公司，也遭到美方的棒打，原因也是威胁美国"国家安全"；2010年，华为竞标美国斯普林特公司移动电信设备合同，也因美国议员提出的"国家安全"原因受阻。而此前的2005年，中海油并购美国尤尼科公司，也因美国政客威胁"国家安全"的指控无果而终。

为此，2010年11月，华为公司向美国外国投资委员会递交了申请，主动请求对此交易进行审查并愿意给予全力配合。按照华为的说法，此项收购完全是正常商业活动，不应该存在任何问题。

▲美国国会指责华为中兴产品的报告

但结果却总是各种选项中最糟糕的一项。2011年2月11日，美国外国投资委员会通知华为，此项交易还是牵涉“国家安全”，因此“建议”撤销对三叶公司的交易。2月14日，华为公司发表声明，认为这些指控毫无根据，因此将拒绝接受这一建议。

但美国外国投资委员会是美国的政府机构，它不批准交易，交易根本不可能进行，而且，对抗美国政府的代价也须再三斟酌。一周之后，在美国方面巨大压力之下，华为宣布放弃这一交易。

华为无法撼动的，其实是美国针对中国投资的“潜规则”。

潜规则的核心词有两个，一个是中国，另一个是国家安全。只要是来自中国的投资，美国政客都会拿着放大镜观察，有时放大镜甚至变成哈哈镜，如果发现镜头下有任何可炒作的东西，就不惜极力渲染。而他们渲染的一个由头，就是国家安全——在国家安全这面大旗下，美国政府一贯标榜的自由贸易等诸多原则，统统让路。

世界上最强大国家的美国，它的国家安全真的就这么脆弱？其实，在这一系列受阻的并购案中，我们看到的，不是美国人严谨的调查能力，而更多的是想象能力。

在2007年的3Com收购问题上，按照和美国私人资本运营公司贝恩资本（Bain Capital）和3Com达成的协议，贝恩资本将收购3Com超过80%的股权，而华为的关联公司则收购3Com不到20%的股权。收购总额约为22亿美元，即每股价格较当时3Com收盘价有44%的溢价，对投资者极为有利。

但这样一个纯属商业合作的协议，因为牵涉到了中国，不可避免地引发了一些美国政客和舆论的“重视”。素来对中国题材新闻青睐有加的《华盛顿时报》，更是以华为老总任正非有过从军经历，暗示华为是中国军方的代表，并将该并购事件与美方此前炒作的所谓中国军方黑客攻击五角大楼网络案相联系，佐证出的一个论点就是：将3Com出售给中国华为，必然损害美国国家安全。

对于这样的指责，美国贝恩资本并不认同：“该公司仍被美国公司所控制，只有一小部分股权在外国公司手中，该交易不会对国家安全有什么威胁。”

当时的《华尔街日报》也表示，华为只收购3Com不到20%的股权，就是希望不引起政治上的麻烦，重蹈中海油覆辙。但即便如此，

▲五角大楼

在美国外国投资委员会的反对下，这一本应多赢的并购协议被封杀，3Com的投资者空欢喜一场，股价在暴涨之后又以暴跌结束。

在这次三叶并购案上，美国政客老调重弹，声称这笔区区200万美元的交易同样因为华为的身份而会损害美国的安全。尽管华为也再三表示，中国政府和军方都不是华为的股东，且老总任正非手里的股权也不到公司的2%；而且，华为欢迎美国政府对所谓的威胁国家安全进行深入调查。

对于美国的“潜规则”，华为不是不想挑战。对于美国外国投资委员会要求华为放弃收购的裁定，华为一度打算申辩到底。此举引发美国媒体极大惊诧，因为不服裁定继而诉诸总统的做法非常罕见。这势必让奥巴马左右为难：对并购放行，势必引发政客们的渲染大波；拒绝并购，又会给自己贴上保护主义大衣。别忘了，2009年对中国轮胎实施特保制裁，就使得《华尔街日报》批评奥巴马是一个保护主义总统。

为区区200万美元的交易，中美两个大国显然不值得这样的折腾。显然，在各方的斡旋下，对最后结果无望的华为只能再次吞下苦果。但在我看来，这与其说是华为的失败，更是美国的失策—— 一再拒绝中国投资的事例，将美国的潜规则暴露于世人面前。

且不提翻手为云、覆手为雨的美国政客，就是美国政府的外国投资委员会的公正性就值得怀疑。委员会由美国财政部长担任主席，成员包括劳工部长、贸易代表等多名内阁官员，具体审查外来投资是否会损害美国“国家安全”。美国前贸易代表巴尔舍夫斯基就曾对我坦言，作为该机构的前成员，她认为委员会受政治影响太大，这也是

“在美国做生意比较丑陋的一面”。

这种丑陋，暴露出美国对中国投资的双重心态。一方面，美国经济低迷，需要中国投资，更欢迎中国购买美国国债；但另一方面，假如中国企业购买美国公司，尤其是一些能源、技术等敏感领域的资产，尽管纯属商业行为，也会遭遇极大阻力，甚至被妖魔化。

华为在美国的悲情还将继续。2012年，美国众议院情报委员会更公开发表报告，指责华为和中兴的设备有损美国“国家安全”，“建议”美国公私部门不要选择这两家公司的产品，并“建议”外国投资委员会阻止华为和中兴在美国的收购和兼并活动。

该委员会虽然没有对华为和中兴如何损害美国国家安全提供证据，却批评这两家公司“没有拿出充分信息来消除美方顾虑”。我当时在一篇文章中就说，这种虚妄的指控显然难以让人信服，如这样的理由成立，思科、IBM、微软等许多美国公司，岂不更对中国国家安全构成了严峻威胁？

从未来看，除非中国政府采取强大压力，美国对中国企业的这种潜规则仍将继续。华为很可能再次成为外国投资委员会祭旗打击的对象。

遭遇了一系列的潜规则后，美国媒体就总结，一些外来投资不得不“聪明”起来，在美国投资开始遵守四条不成文的规则：第一，不并购整个公司，只购买小额股份；第二，事先会表明，不寻求控制权，不改变董事会结构；第三，与美方相关机构或一些关键人物事先私下接触；第四，避免触及石油等敏感领域，这些领域即使是小股份，仍可能引发轩然大波。

过去几年，成功的外来并购，大多遵循了上述四条“金律”。比如，阿联酋阿布扎比投资局虽取得花旗银行5%的股权，但不寻求对该公司的管理权；而此前中国中投公司30亿美元入股私募基金黑石公司（Blackstone），取得不超过10%的股权，但也无投票权。

就三叶公司并购案，从这个角度看，尽管200万美元在华为看来只是非常非常小的投资，但至少在一个方面，华为显然“越界”了。那就是华为事先未将美国“有关机构”和“有关人物”打点好，由此，政客翻脸，合同撕毁，一地鸡毛。尽管在口头上，美国政府明确声称会确保外来投资在美国享受公正、平等和非歧视性的待遇，但中国企业家还是要明白，这是美国人的表面文章。在对中国投资笑脸相迎的同时，他们背后还藏着有美国特色的“潜规则”。

中国工人喋血赞比亚

进入21世纪，随着中国对非洲投资的不断增多，非洲人对中国羡慕嫉妒甚至怨恨的情绪加深，当然也不排除中国企业的种种不良行为引起了当地人的反感，赞比亚对中国的看法就出现了变化。

2012年8月4日，在赞比亚首都卢萨卡以南约350公里的科蓝煤矿，对峙和愤怒正向悲剧方向发展。

一方是科蓝煤矿的中方管理人员，另一方则是当地的黑人矿工。

最终，三四百名黑人矿工采取了武力，他们手持木棒，叫喊着冲向煤矿的办公室，一些中国员工被打伤，其他中国员工一看大势不妙，赶紧逃进矿井巷道，黑人闹事者向巷道内投掷石块，后将运煤轨道车推入巷道。

50岁的吴生崽是煤矿的经理，他落在了最后，轨道车呼啸而来，他躲闪不及被撞身亡。

事实上，这不是该煤矿第一次发生冲突。

2010年10月，围绕着工资待遇问题，中方管理层和当地矿工爆发冲突。两名中国管理人员最后对矿工拔枪相向，13名矿工被打伤。两人随即也被赞比亚警方逮捕，面临13项谋杀未遂的指控。

最终，在中国使馆的介入下，科蓝煤矿表示，大幅提高矿工的最低收入水平，即从原来基础上翻一番达到每月96美元，并给予矿工相当于基本工资30%的住房补贴和一部分交通膳食津贴。此外，煤矿方面向受害方提供总计约8万美元的赔偿。

大事由此化小，两名中方管理人员在被羁押数月后，被免予审判放行。

但也正是受这一事件影响。在2012年的冲突中，中方不敢拿枪自卫，而当初的协议虽然安抚住了受害者，但激化了中方管理层和当地矿工的矛盾。最终，问题变得更加严重。

2012年吴生崽被害后，煤矿停产，恐惧之下的中方人员躲在家中

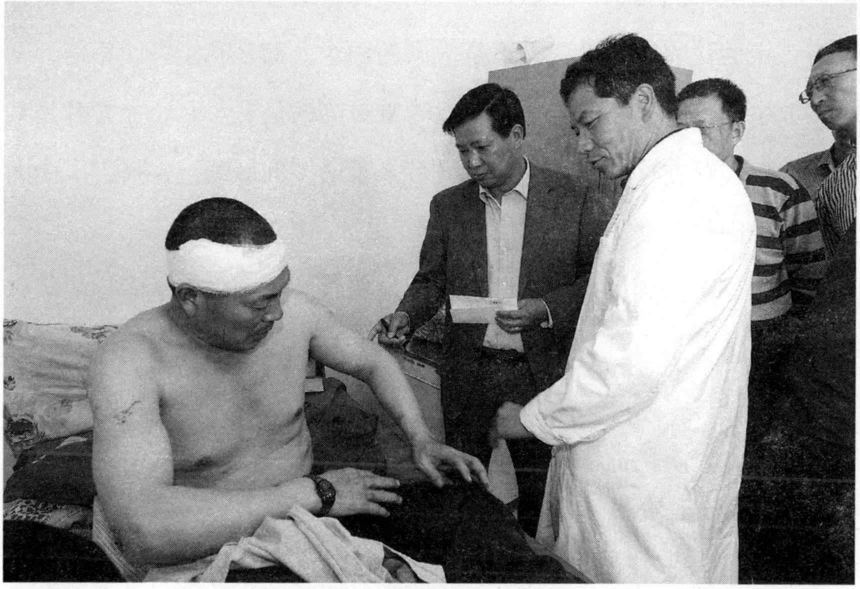

▲ 中国使馆人员看望在科蓝煤矿冲突中受伤的中国员工

不敢外出。对此，当时的赞比亚政府发言人肯尼迪·萨凯尼说，政府会保证中方人员及其他投资者的安全。

但关系依然紧张。2013年2月20日，赞比亚矿业部发表声明，政府将接管科蓝煤矿，理由是该公司没有达到安全和环境标准。

当时的赞比亚矿业部部长亚姆富瓦·穆坎加在一份声明中说：科蓝煤矿历来在遵守安全、健康和环境规定方面的记录都不佳，“有鉴于此，矿业部决定吊销该公司持有的三份小规模开采执照，立即生效”。

科蓝煤矿的悲剧，应该是中资在非洲投资存在问题的一个缩影，具有一定的代表性。投资人不是中国的国企，而是私企。我相信，在大多数中国人眼里，国企可能还意味着更高的信誉。私企，尤其是某些私企确实存在这样那样的问题，带来了诸多的麻烦，也损害了中国企业和中国的声誉。

但是，具体到科蓝煤矿，也不排除存在着中国人无法掌控的诸多变数，这其实是中国企业到非洲投资需要慎之又慎的地方。

综合相关媒体的披露，科蓝煤矿的老板，是中国江西人徐建学和他的四个弟弟。徐建学原先是一名翻译，1991年随中国援建队伍来到赞比亚。工程结束后，徐建学没有回国，而是在赞比亚首都卢萨卡注册成立了扬子江建筑企业有限公司，开始在赞比亚承接项目。其中，就包括赞比亚共和国总统府维修工程、国际机场总统候机室工程以及赞比亚前总统卡翁达的陵墓工程等，不少建筑颇受好评。

2003年，赞比亚开放矿权，颇有眼光的徐建学买下了位于赞比亚南部与津巴布韦接壤处的一片煤炭矿区，开办了科蓝煤矿。经过几年的发展，该煤矿在当地颇有规模，共有70多名中国工人、800多名当地工人，月产煤炭约2万吨，主要供给当地的铜矿和水泥厂。

而徐建学兄弟基本住在卢萨卡，很少插手煤矿的具体工作。

科蓝煤矿开办后，解决了当地不少人的就业问题，但劳动条件和福利待遇却与当地矿工的要求有差距。

赞比亚属于世界上最不发达国家之一，全国人口1170万，失业率高达50%。但根据赞比亚的劳动法，雇主须向雇员提供住房、午餐、

▲中国人在赞比亚开办的市场

交通、医疗等多项补贴，还要为从事煤炭等行业的工人提供防护服，替雇员缴纳养老金。雇员每周工作时间不能超过48小时。

为了降低成本，科蓝煤炭并没有完全按上述条文行事，基本是雇用当地的“临时工”，按日计酬。近几年来赞比亚国内需求不旺，煤矿时不时停工，矿工的收入得不到保障，日益不满。而矿上的管理人员多不懂英语，导致雇主与矿工的沟通出现问题，罢工甚至骚乱多次发生，甚至屡屡威胁到煤矿管理层的安全。

2012年冲突的导火索，则是赞比亚政府的一项新规定。

2012年7月4日，赞比亚政府宣布了一项新政策，规定在煤矿等工地工作的工人，最低工资标准是每月230美元，而科蓝煤矿矿工当时的月平均工资只有150美元。8月4日这一规定开始实施，矿工们认为科蓝煤矿延迟执行新的最低工资标准，便向煤矿管理人员发起冲击。

科蓝煤矿的内部人员表示，该煤矿其实已经在8月2日与当地矿业工会就最低工资达成了协议，但工会还没来得及通报给工人。加上中方管理人员存在语言障碍，未能与骚乱工人做好沟通，这才发生了冲击事件。

这种冲突，其实正显现了中国在非洲，尤其是南部非洲投资的风险。

第一重风险，国家关系的好坏。

从总体上来说，赞比亚和中国关系良好，我们所熟知的坦赞铁路，连接的就是坦桑尼亚和赞比亚。当初，为修建这条全长1860公里的铁路，坦赞两国曾多次向西方国家求援，均遭到拒绝。1965年，坦桑尼亚总统尼雷尔访华，毛泽东对他说："你们有困难，我们也有困难，但是你们的困难和我们的不同，我们宁可自己不修铁路，也要帮你们修建这条铁路。"中国派出了5万多名工程人员，历经6年，终于在1976年建成这条铁路，为此中国有66人牺牲。

2009年，中国国家主席胡锦涛在访问坦桑尼亚时，还专程到中国专家公墓凭吊。新华社的稿件说，胡锦涛在陵园还颇为感慨地说，这些人员牺牲时都很年轻，"年龄最小的才20多岁"。

▲中国援建的坦赞铁路

▲为援建坦赞铁路，数十名中国人永远地留在了非洲

而据相关资料，在过去半个多世纪中，中国对坦桑尼亚的援助项目有100多个，涉及工业、农业、医疗、卫生和教育各个方面。

但进入21世纪，随着中国对非洲投资的不断增多，非洲人对中国羡慕嫉妒甚至怨恨的情绪加深，当然也不排除中国企业的种种不良行为引起了当地人的反感，赞比亚对中国的看法出现了变化。

2011年，赞比亚大选，原总统鲁比亚·班达支持维护与中国的友好关系，反对党领导人萨塔则鼓吹民粹主义，指责中国投资是掠夺赞比亚财富，他一度声称要遣返中国投资者，与中国断交。这种主张，其实得到了一些当地人的支持。

中国使馆当时也发表了声明，谴责萨塔的这种说法，表示如果他当选，中国将可能撤销投资和援助。但最终的结果却是萨塔赢得大选。尽管在当选后，萨塔没有兑现他赶跑中国投资者的承诺，反而多次表示，继续欢迎中国投资。

但政治领导人的更迭不可避免地会影响到双边关系，进而对投资带来微妙影响。

第二重风险，非洲毕竟不是中国，劳工诉求有别，素质也不一。

赞比亚总统萨塔虽承诺欢迎中国投资，但也附加了前提，那就是中国公司尊重当地的劳动法规。

但关键是赞比亚的法律，有时让投资者很头疼。

比如，为了讨好选民，正如前文所述，2012年7月，赞比亚提高了不同工种的最低工资水平，平均增幅达67%。赞比亚官员说，这么做的目的是为当地人提供收入更好的工作，让投资者在平等的平台上竞争。

这种不顾投资者权益的做法，让投资人很难迅速落实，这又加剧了投资者和当地人的冲突。

另外，据一些中国投资者反映，相对中国工人的勤劳，某些非洲人确实比较懒散。而且，这些人一有意见就闹罢工，不达目的不罢休。曾担任赞比亚贸易与工业部部长的费利克斯·穆塔蒂就曾感慨道："这里的人十年没活可干，可外国投资者来了，给他们活干，他们干的第一件事却是罢工！"

我还看到过这样的例子，在中国人经营的矿上，赞比亚工人经常磨洋工，因为工资都是按月计算，不存在产量多少的问题。比如，一次一辆叉车发生故障，三名中国工人便去扛货物，而赞比亚矿工则在一边旁观，因为他们认为货物过重，会压伤他们。

这样的状况，难免让一些中方管理层感到不满，但如果管理方法不当，则又注定是“强龙难压地头蛇”。

第三重风险，中国企业自身的缺点和问题，亦不容忽视。

在中国国内，煤矿往往是与矿难联系在一起的。在海外的情况自然要好一点，但也不大可能好到哪里去。比如，在非洲的一些矿上，一些当地人就抱怨，中国人只看到钱，不关注矿工死活，不给矿工买必要的防护靴、护目镜及护耳等劳保设备。

作为中方管理层，大多不会当地语言，对当地文化也不大了解，因此发生矛盾冲突也就可想而知。一些性急的中国管理员，肯定会对偷懒的非洲人加以训斥，甚至有报道说，看到非洲人在磨洋工，愤怒的中方管理员朝他们身上泼冷水。

对待工人的这种态度，放在日本、韩国，估计不是问题，放在中国，问题可能也不是特别大。但在非洲，就是问题。一些非洲人懒散，但自尊心强，要价高，中国管理员这样做，自然更让他们愤怒。

另外，当地总体还比较贫穷，中国管理层的高收入，让当地人心理失衡，引发冲突不断。

此外，还有不容忽视的当地复杂的政治关系以及某些不怀善意者的怂恿和鼓噪。

就像其他国家存在地方和中央的矛盾一样，赞比亚同样存在矿业区和中央的矛盾。科蓝煤矿属于赞比亚“矿带地区”，和首都卢萨卡的矛盾由来已久。中央政府为了吸引外资、创造就业岗位，往往鼓励外国人投资开矿办厂。而在“矿带地区”的人看来，资源开发的受益者主要是外国投资者和首都的官僚，当地人则承受了环境破坏、资源枯竭、工资低下。对他们来说，中央政府是强大的，于是往往将斗争的矛头转向外资公司，中资企业则成为撒气对象。2011年年底，中国有色集团遭遇罢工潮，最后公司解雇了1000名要求涨薪的工人，但在政府压力下，最终这些工人又被雇用。

而对于中国企业的种种缺陷，外界尤其是一些反对派人士和西方政客和媒体，总是带着放大镜来看待。比如在科蓝煤矿惨剧发生的前几天，时任美国国务卿的希拉里·克林顿在达喀尔发表讲话，声称要推进一种"增加价值而不是攫取价值"的合作模式。

尽管希拉里没有点中国的名，但言外之意，不言而喻。

曾以《中国无声的政府》一书来描述中国对非投资的埃里韦托·阿劳霍，则对西班牙《阿贝赛报》这样说："中国企业设定的劳动条件和劳动关系，按照我们的标准甚至某些非洲国家的标准来看，是非常单一且充满奴役色彩的。"

在他看来，中国企业高度看重利润，以低廉工资打发当地人，甚至未给他们提供必要的安全设施，这让非洲人感觉"中国人拿走的比带来的多"，这些都是造成科蓝煤矿悲剧的重要原因。

非洲被认为是世界经济的最后一块"高边疆"（Last Frontier）。它仍是最穷的大陆，但却是世界经济增长最快的大陆。当今世界发展最快的十大经济体中，六个在非洲。非洲丰富的能源资源，广阔的市场前景，成为包括中国在内的各大经济体不能忽视的对象。

非洲在崛起，各国也在提前布局。作为世界第二大经济体的中国，显然与非洲有着不解之缘。在过去半个多世纪，中非一直保持着密切友好的关系。截至2013年，中国已取代西方国家成为非洲第一大贸易伙伴，占到非洲进口额的14%和出口额的17%。

截至2013年的十年间，按照西方的统计口径，中国进出口银行对非洲贷款达到了672亿美元，而同期世界对非洲贷款只有547亿美元。可以说，正是中国等新兴经济体的庞大投资，很大程度上推动了非洲经济的腾飞。

但不可忽视的是，也是在这段时间，在个别非洲国家，针对中国的批评时有发生，某些暴力事件更给中方人员带来了严重伤害。

除了赞比亚科蓝煤矿的悲剧外，2012年5月，在尼日利亚，近百名中国商人被指控非法经商，遭到逮捕；几个月后，在加纳，当地政府驱逐了30多名中国人，理由是他们在加纳非法开采金矿；2013年，更多中国淘金客在加纳遭到拘捕甚至追打……

在非洲，经常有被杀被驱逐的西方人，而受到不欢迎待遇的中国人毕竟是少数。但这些不容忽视的案件也凸显了一个事实：中国人在非洲正面临更多的经营风险。

非洲涉华恶性事件的增多也有一些外部因素：西方对中国的"新殖民主义"的渲染损害了中国人的形象；非洲一些国家的腐败问题让中国商人无所适从； 某些非洲政客出于政治目的的炒作让中国人成了牺牲品等，不一而足。

中国在非洲形象有所恶化也有诸多的内因，并值得我们反思。

在某些非洲人眼里，中国人的到来，并没有带来双赢的结果。

比如，在一些非洲国家，有当地人就抱怨，中国企业来投资，只是为了获得石油、铁矿等资源，采取的是掠夺式开采，当地人得益有限。在不少中资企业，雇用的大部分是中国员工，当地人获得工作机会极少。而非洲当地人不大可能如中国员工那么服从命令，则又加剧了双方矛盾。

我就听说过很多类似的故事，在非洲的某些中国企业，管理层大多不会当地语言，对当地文化也不大了解，因此经常因误会发生冲突。往往一个很小的事件，最终造成的是悲剧。

中国有中国的国情，非洲有非洲的特点。光指责西方和某些非洲人不会有助于问题的解决。对中国和中国企业、商人来说，在非洲问题上必须着眼长远，加强了解和尊重，通过“实现共赢”来真正化解矛盾。

共赢，就是在中国企业和商人有所盈利的同时，确保非洲当地的收益，这不仅仅是指非洲国家的中央政府，也包括中国企业所在的周边社区和民众。而后者，正是一些中国企业在非洲面临挑战的薄弱点。

当然，对非洲国家来说，相比于西方，无论是从历史还是现实，中国都是更可靠的朋友，这也正是中非关系过去几十年保持常青的根源所在。非洲的选举政治，难免会有政客以中国话题打擦边球，但政治家必须抵制住民粹的诱惑，损害对华关系对当事国并不利。

作为公关的举动，中国政府包括驻外使馆，在驳斥“新殖民主义”谬论的同时，应向当地非洲人介绍一个真实的中国，中国的发展和繁荣，当然也包括中国可能存在的问题，避免某些非洲人不切实际的想法；同时，在非的中国人也应切实遵守当地法律法规，尊重当地

▼非洲是块富饶的土地。图为赞比亚的铜矿

▲中国援建的赞比亚卢萨卡总医院

的风俗习惯，加强与当地人的沟通，避免因交流不畅、言语不通造成误解。

展望未来相当长的一段时间，非洲将是中国企业“走出去”的重要目的地，也是中国外交的重要依靠点，非洲还是支撑中国经济发展所需资源的重要来源地，而中国也是非洲成为新崛起大陆的重要伙伴。我们不能让短见损害了中非关系。

对于中国企业而言，在非洲投资确实有商机，但这毕竟是一个很陌生的环境，面临着诸多的挑战。在这种情况下，更需要谨慎处理。法律当然要遵守，风俗更不能忽视，更重要的不仅只是赚钱，而是交朋友，是确保自身的人身安全。否则，钱即使赚到了，但把生命留在了非洲，总是人生和家庭的一场悲剧。

中铁饮恨波兰高速公路

中铁公司事件提醒中国企业，中国海外投资要注重质而不是量，要注重分析地域的不同性。比如中国企业之前在非洲等发展中国家的海外投资取得了成功，但这种模式不可复制；比如欧洲市场与发展中国家完全不同，低价竞争的“中国速度”也是不可复制的。

2011年，对中国中铁公司来说，实在不是一个好年份，且不讲震惊全国的动车事故，在遥远的波兰，损失正在不断扩大。

造成重大损失的项目，是波兰一条高速公路的建设工程。

这条高速公路连接波兰首都华沙和德国首都柏林，是2012年波兰和乌克兰联合举办欧洲杯的一项重大基础设施。按照招标要求，项目须在2012年5月31日前建成通车。

2009年9月，中铁旗下的中海外工程有限责任公司中标其中的A2标段，总长约30英里（1英里约等于1.6公里），合同金额13亿波兰兹罗提，约合4.72亿美元。

这个价格，实际不到波兰政府预算的一半，波兰政府当时的心理价位是28亿兹罗提，因此中铁的价格一出，市场惊诧不已，近20家同业竞争对手向欧盟指控中国公司“低价倾销”。

中铁出如此低价，原因大致有三个。

第一是能力自信。中国承包的工程，大多是中国工人来建设，中国的人力成本很低，因此有压缩报价的空间。

第二是着眼长远。欧洲市场进入很难，先打开波兰市场，建立一个样板工程，这样也有助于在欧洲开拓。事实上，该项目一度被中铁公司称为“迄今为止中国中铁系统在欧盟国家唯一的大型基础设施项目”。英国《金融时报》也称：“中铁公司是中国第一家在欧洲获得如此大型高速公路项目的公司。”

第三，还有所谓的“中国策略”。这在国内屡见不鲜，具体表现则是低报价，然后慢慢抬价，对方因为工程太重要，拖不起，最终不得不支付额外的费用。

▲中铁公司修建中的波兰高速公路

当然，波兰方面选择比较陌生的中国公司，也有其特定目的，最根本的则是中国公司的报价低，而且，按照媒体的报道，波兰基建项目以前主要由欧洲建筑商包揽，波兰想利用引入中铁公司这样的中国公司，压低国内的整体基建价格。

但不想，中铁公司的表现最终让波兰政府大吃一惊。自2012年5月开始，该项目因拖欠费用，引发多起分包商游行示威与烧砸办公场所等暴力事件，招来波兰政府、媒体及社会对中国企业的广泛批评。中铁公司蒙受巨额损失，其拓展波兰乃至整个欧洲市场的努力被废。而作为池鱼之殃，多个中波投资项目搁浅。

直到2012年欧洲杯开幕时，该条高速公路也未开通。

在总结类似“走出去”问题时，时任中信集团董事长的常振名曾说，在海外投资时，必须要坚持商业原则，保证项目有合理的盈利空间。“商业谈判，不能跟国内做项目一样，互相压价，压到最后没有利润空间了，这样就会出现很大的问题。”

问题一，波兰不是非洲。

工程没有完成，损失又如无底洞。中铁公司在波兰闯下的大祸，实在是低估了波兰的国情。中国劳动力确实便宜，但整体工程并不仅仅只有劳动力成本一项。当时，中铁为了获取该工程项目，对项目的各项要求并没有太多在意，以为按照在中国和非洲的经验，可以很顺利地完工。

但这是在波兰，是在欧洲。波兰方面其实规定了相当苛刻的条件，即合同的具体细节，远比中铁作为参考的项目介绍要严格得多。

根据《新世纪》杂志报道披露，在桥梁钢板桩的问题上，仅在中标的A2项目C段，就包括高架桥等22座各类桥梁。中铁公司在施工过程中发现很多工程量都超过项目说明书文件的规定数量，如桥梁打入桩，项目说明书规定为8千米，实际施工中达6万米。

此外，还有桥涵钢板桩，项目说明书中没有规定，可实际工程中所有的桥都要打。软基的处理数量也大大超过预期。造成这么大工程变更的原因，就是中铁对当地地质条件缺乏了解，“项目说明书上的很多信息并不清晰，但由于这是一个设计施工总承包项目，后来发生的实际工程量很难被界定为工程变更”。

这就意味着实际的工程量和费用大大超过原先预期，中方一度要求波兰方面提高报价，但遭到波方拒绝，认为必须按照合同行事。中铁公司不得不垫资建设，但随着资金的不断增加，整个工程项目不仅不可能赚钱，反而要遭遇重大亏损。

问题二，管理混乱加大成本。

以设备租赁费用为例，在波兰，设备分包商的酬劳是按小时计算，“而中方总是稀里糊涂，波兰设备分包商写多少小时就是多少小时，经常出现一天被写成工作16个小时，甚至24个小时。”

此外，波方的工程师对质量要求极为严苛，有些地方中方认为做一半厚度就可以了，波方不同意，要求按合同来，中方也因此抱怨波方“过于保守”，但中方工程师没有当地从业资格，最终只能听波方工程师的。

另外，在水泥、黄沙和钢材料问题上，中铁公司的施工经理职权有限且又优柔寡断，在价格低时观望，等到价格出现强劲反弹时才后

▲修建中的波兰高速公路项目

悔不迭，这些都大大提高了工程的造价。

时任波兰驻华大使的塔德乌什·霍米茨基就回忆说，自2009年12月到2011年，波兰使馆与中铁公司会面多达14次，其中8次他亲自参加。他曾多次建议中铁公司尽早和原料、分包商等签订合同，将利益绑在一起。但是中铁公司并没有采纳。

在这一系列问题上，还不乏某些“中国特色”的做法。据《新世纪》杂志披露，一些波兰供应商抱怨，对于他们有关建筑材料的报价，中铁公司往往在会面时以价格太高不予回应。但他们随后又会接获“神秘电话”。在电话中，对方自称为中铁公司内部人士，提出“单独谈”。

问题三，忽视环保造成大麻烦。

在国内搞基础建设，环保问题往往走过场，但在国外，尤其是在欧美国家，这却是一个马虎不得的问题。中铁公司在这个问题上，最终吃了大亏。

在中铁公司的施工路段，有多种珍稀两栖动物，也就是特有的青蛙和蟾蜍。按照合同，在这些珍稀动物通过的区域，必须建设专门的通道，就跟我们在青藏铁路建立专门通道一样，避免动物在高速公路上通过时被行驶的车辆碾死。

对于这方面的开支，中铁公司一开始并没有太在意。但在施工开始后才发现，如果根据合同，项目还必须增加多座桥梁，这意味着费用又将大大超支。

而且，在施工期间，对环保问题也不得大意。在施工前，当地环保组织要求中铁公司必须将珍稀蛙类搬到安全地带，因为两周后当地将降温，可能会结冰，到时这些蛙就要冬眠了，搬起来更加麻烦。如果贸然动工，势必伤及珍稀动物，中铁公司将吃不了兜着走。没有办法，中铁公司只能停工两周，全力以赴“搬运”蛙类，这又造成了额外的损失。

想建设为样板工程，最后做成了丢面子更丢钱的工程。由于缺乏后续资金，中铁公司开始拖欠当地供应商、分包商的款项，这导致一些拿不到货款的合作方开始翻脸，甚至放火烧轮胎以示抗议。

虽然中波官方都表示，希望该工程能顺利完工。但按照测算，如果要按期完成工程，中铁公司总共需投入资金7.86亿美元，相比于4.72亿美元的合同总价，辛辛苦苦干完，整个项目还要亏损3.95亿美元。

最终，2011年6月，中铁公司决定停止施工，该公司的海外账户和资产被查扣。而这并不意味着问题的结束，因为带来的损失是两个方面的，一是信誉的损失，波兰政府开出罚单，三年内禁止其在波兰市场参与招标；二是金钱的损失，中铁公司可能因此面临2–3亿美元的赔偿，后续的法律诉讼将旷日持久。

中铁公司事件提醒中国企业，中国企业海外投资更要注重质而不是量，更要注重分析地域的不同性。比如中国企业之前在非洲等发展中国家的海外投资取得了成功，但这种模式不可复制；比如欧洲市场与发展中国家完全不同，低价竞争的“中国速度”也是不可复制的。

具体到工程领域，国际竞标，尤其是在欧美国家竞标，必须慎之又慎，不打无准备之仗。比如，需要现场勘查，对各种原材料价格以及走势有基本的判断和应对方案。在签订具体合同时，首先不能因

▲在公路项目中劳作的中国工人

为语言不同对一些条款内容模糊不清，其次，必须充分尊重当地的法律体系，否则，即使你占理，也肯定是“强龙不压地头蛇”，最终吃亏。

另外，需要有严格的问责机制。私营企业亏损，老板往往倾家荡产，甚至跳楼自杀。但国企亏钱，却总是国家埋单，相关责任人最多降级调职了事。没有严格的问责机制，就难以避免出现拍脑袋工程，最后却是慷国家和纳税人之慨。

本文部分资料参考了《新世纪》杂志的报道

三一状告奥巴马的背后

美国财政部发言人表示，三一可以诉诸法律，但美国外国投资委员会（CFIUS）的条例明确规定，总统决定不受司法审查。因此，三一肯定败诉。

三一集团是一个很有个性的中国企业，美国人也很快意识到了这一点。

但至少，在刚开始的时候，三一对美国市场还情有独钟、寄予厚望。

2008年，为进军当时火热的风电市场，三一集团董事长梁稳根拍板成立了三一电气。但在国内，电力是一个高度垄断的市场。三一电气由此将目光瞄准了海外，首选则是美国。

为更好地在美国运营，2010年8月19日，三一集团在美国特拉华州注册成立了一个叫罗尔斯的子公司，由三一电气总经理吴佳梁持股20%，三一集团副总裁、财务总监段大为持股80%，吴佳梁则担任罗尔斯公司的首席执行官。

三一由此开始在美国市场闯荡。2012年3月，罗尔斯公司从希腊一公司手中收购了一个俄勒冈州风力发电场项目，并取得了该项目建设的所有审批和许可。

按照罗尔斯公司的计划，将在这里兴建四座风力发电站。由此，三一将进入美国输电市场。这样一方面有助于三一向美国市场出口风电设备，同时也可享受美国对新能源项目的补贴。

但三一的美国梦从一开始就有些一厢情愿。罗尔斯收购的其中一处风电场，与美国一海军基地邻近。海军方面立刻发表反对意见，认为在此地修建风电场，将会影响海军的地空飞行训练。

有道是“强龙不压地头蛇”，更何况是美国军队反对。罗尔斯公司马上表示，尽管搬迁费用高昂，此处风电场仍可考虑搬迁。

但事情已由此变得复杂化。2012年6月，美国外国投资委员会（CFIUS）联系罗尔斯，要求后者提交一份自愿审查申请。

罗尔斯随后递交了相关申请，但很快遭到了CFIUS的否定，认为该项目将危害美国国家安全。

但这种事后追查的处理方式，意味着罗尔斯和三一集团将面临重大的损失。根据相关的统计，罗尔斯已对该风力发电场投入约1300万美元，后续预计投入8000万美元，总计高达9300万美元。停建将导致罗尔斯公司损失约2000万美元。

按照一般的程序，如果CFIUS已表示会否决投资，相关公司一般都会主动放弃交易，只能“打落门牙和泪吞”。但初生牛犊不怕虎的三一偏不信这个邪，认定美国此举完全是出于政治上的歧视。

在吴佳梁看来，美国政府的审查有“选择性，歧视性”，并且针对的就是中国。

2012年9月12日，罗尔斯公司将CFIUS和作为CFIUS牵头人的时任美国财政部长盖特纳告上法庭。诉讼理由包括CFIUS的命令违反了行政程序法（该法管辖行政机构的行为），和未经正当程序违宪“征用”罗尔斯的财产。

罗尔斯不服CFIUS的裁定，于是，相关投资项目破天荒地送到了白宫椭圆形办公室。2012年9月28日，在CFIUS提交安全评估意见的基础上，总统奥巴马颁发行政命令，称“有可信证据令白宫相信”，三一集团和罗尔斯公司会采取“对美国国家安全造成威胁或者不利的行动”，由此禁止罗尔斯公司在俄勒冈的风电项目建设。

▲三一集团2012年在北京召开记者会，抗议美国政府的政治化操作

这是22年来美国首次由总统出面来否定的外资并购案。

三一也索性“一不做、二不休”，2012年10月1日，罗尔斯将奥巴马和CFIUS列为共同被告。三一集团总裁向文波在其微博上说，此案是“美国行政司法史上的第一次”，即美国法院首次受理一个外国公司起诉美国总统和CFIUS的案件。

在整个事件过程中，不得不再次提到美国外国投资委员会（CFI-US）的关键作用。

三一投资受阻的背后，其实也是由于缺乏对在美国投资的了解并且过于乐观。

比如，罗尔斯公司在收购俄勒冈风电项目的时候，并没有想到要经过CFIUS的程序。直到美国海军方面表示反对，CFIUS主动上门了解情况，罗尔斯公司方递交申请。但此时外界舆论风暴已形成，CFIUS的倾向性已可想而知，一切已晚矣。

2012年6月28日，罗尔斯公司在CFIUS要求下提交了投资申请，并辩称该交易不受CFIUS审查，因为交易仅涉及“无形资产和权利”（而不是“美国企业”）的出售，并且该交易并没有对任何国家安全构成风险。但对此CFIUS显然不能认同。CFIUS的立场一锤定音，罗尔斯公司的交易是一项“非常规交易”，并对美国的国家安全带来风险。

不能讲美国方面的担忧是空穴来风。风电场附近确实有一美国海军基地。根据《纽约时报》报道，该基地主要用于测试遥控的无人驾驶机和电子飞机，还有轰炸机。在美国对中国颇多提防的时候，美国岂容中国项目靠近军事基地？

但此案中真没有政治的抹黑和炒作？这显然也太小觑了美国的政客和媒体。

比如，向文波就对美国以“国家安全”为由叫停该项目愤愤不平。因为有一个对照的事实是，在罗尔斯收购的风场附近，已经有27台丹麦风机安装，这片区域内还有其他已经运行的风力发电场。

美国人的苛刻还表现在毫不顾忌作为投资者的三一的损失上。

在警告该项目有损“美国国家安全”后，2012年7月25日，CFIUS还发出了一项临时性缓解措施令，以国家安全为由要求该项目立即停工、立即移走全部设备；同时禁止任何人进入，只允许CFIUS同意的美国人进入移走设备。

接到禁令后，三一方面为减少损失，通知CFIUS，它正考虑将项目转让给美国人。

但不想8月2日，CFIUS又发布了一道新命令，条件更加严苛，其中包括：1. 禁止向任何第三方出售或转让由三一集团制造或生产的、在风力发电场使用或安装的任何物资；2. 禁止将风力发电场出售给任何第三方，除非在罗尔斯收购后“存放、安装或附属（包括混凝土基础）”在风电场上的所有的物资已经被移除，并且CFIUS在被通知了有意向的接收人或买家之后10天内没有提出反对。

9月28日，奥巴马发布禁止该项目的行政命令时，还要求罗尔斯公司在两星期之内从上述场地撤走全部财产和装置，并在90天之内从这个风力发电项目中撤出全部投资。这势必让三一蒙受巨额损失。

在向文波看来，CFIUS和美国总统奥巴马对罗尔斯风电项目的裁决，是不公正的，造成了极大的国际国内影响，使人误以为三一在美国干了什么伤天害理的事。“三一集团是依照美国的法律在美国进行了一项非常正常的投资，我们没有干什么伤天害理，危害美国国家安全的事，我们不举办这样的新闻发布会，不足以说出这个事情的真相。”

气不顺的三一，最终选择了起诉奥巴马的非常之举。

“尊严比金钱重要，公正比利益重要。”

这是向文波解释为什么起诉奥巴马的缘由。

但结果也显而易料。美国司法部随即提出动议，要求法庭取消立案。司法部的基本论点是，在国家安全领域，总统的自由裁量权范围很大，法院尚无可循的法律来限制这一权力。

美国财政部发言人表示，三一可以诉诸法律，但CFIUS的条例明确规定，总统决定不受司法审查。因此，三一肯定败诉。

但三一“偏向虎山行”，之所以还愿耗费重金、聘请美国律师打官司，更多是颜面之战，也算是三一在美国的危机公关。从某种程度上，操作得当，也有助于扩大三一的国际知名度。

但结果也可能是双刃剑。

之后有另一起未必关联的事件。2013年7月11日，美国国际贸易委员会宣布，将对三一集团及其美国公司的履带式起重机发起“337调查”，以确定这些产品是否侵犯美国公司专利。

这一次，三一成了被告，原告则是美国起重机生产企业马尼托沃克。后者指控三一在美国市场销售的产品及相关配件侵犯了其专利。该公司主张，由于涉案产品随意使用了申诉方所拥有的商业秘密，损害或实质性损害了美国已建或将建的相关产业，要求启动“337调查”，并对三一发布永久排除令和禁止进口令。

美国“337调查”得名于《1930年美国关税法》第337条款。根据该条款，美国国际贸易委员会有权调查有关专利和注册商标侵权的申诉，及开展涉及盗用商业机密、商品包装侵权、仿制和虚假广告等内容的调查。

有数据统计显示，最近几年在已判决的“337调查”案件中，中国企业的败诉率高达60%，远高于世界平均值的26%。而中国则是“337调查”的最大受害国。此前，华为、中兴也遭遇类似的诘难。

三一打官司，在美国打来了名声；但射来的冷箭，依旧能让其冷汗直冒。

陕西西色遭遇美国“金矿门”

2010年，一家名为陕西西色国际投资有限公司（以下简称西色国际）的中国地方国企，在美国陷入了一场“金矿门”。

2010年，一家名为陕西西色国际投资有限公司（以下简称“西色国际”）的中国地方国企，在美国陷入了一场“金矿门”。

西色国际本打算在内华达州收购一家金矿公司51%的股份，就在万事俱备的当口，美国对外资审查的最高部门——外国投资委员会（CFIUS）站出来断然否决，理由与数年前的中海油和华为案一样，即威胁到了美国“国家安全”。

CFIUS给出的具体解释是，中国企业拟收购51%股份的美国优金公司（Firstgold Corp.），其金矿位于内华达州雷利山谷，靠近美国法伦海军航空基地（Fallon Naval Air Station），该基地是海军进行飞行训练的地方，因此如果有中方控股，将“会引发严重、深远的国家安全隐患”。

当然，除了所谓“国家安全”之外，美方也对中国企业开采美金矿表示关切。《纽约时报》透露说，在CFIUS质询优金公司的问题单上，“似乎对中国国有企业可能在内华达开采并出口黄金等矿产品感到关切。”

对于拒绝中国企业并购的决定，时任美国财政部副部长的沃林在另一份声明中如此解释：“外国在美投资对经济发展和创造就业至关重要，但我们也有义务把国家安全列为优先选项。”

这个所谓的“国家安全”的理由，对中国或中东国家企业来说，其实并不陌生。此前美国拒绝中国中海油并购优尼科，拒绝阿联酋购买美港口运营权，拒绝中国华为并购美国3Com公司时，外界都听到了“国家安全”这个理由。

最终，西色国际被迫宣布终止这一总额2650万美元的交易。

▲位于内华达州的金矿

西色国际对美国的投资，只是一个很小的投资案例。这么小的商业投资，依然受到CFIUS放大镜似的关注并断然否决。对此，优金公司首席执行官林奇感到难以置信："这是非常令人难以接受的消息。我们百分之百不同意他们（CFIUS）的结论。"

林奇指出，美国官方的所谓军事基地，离优金公司金矿还有超过50英里的距离，而且中间还有其他矿业公司隔开。

50英里，约合90公里，相当于美国首都华盛顿到巴尔的摩的距离，如果在中国，好比一个在北京市区，另一个在天津郊区。

"这非常好笑。假如中国人希望在内华达Lovelock（美基地周围）购买一栋房子，没有人会阻止他们，CFIUS也不会进行审查。"林奇说。但当中国企业购买矿产时，美国有关方面则大做文章。让他感到可笑的是，中国在这里投资，雇用的仍是美国工人，对美国就业只有促进，没有损害。

作为一个主权国家，美国对国家安全的敏感可以理解，但动辄拿"国家安全"说事，且不少事例也经不起推敲——这只能说明，美国的"国家安全"，很多时候不过是个借口。

前几年曾在美国闹得沸沸扬扬的新华社华盛顿分社购买新住宅楼事件，就被一些美国政客炒作成新住宅楼太靠近五角大楼，有损"国家安全"，最终拟定的购买协议被迫作废。

其实，新华社拟购买的楼房，和五角大楼还有很远距离，中间还隔着多栋住宅楼。以一些到过中国的美国朋友的话说，这中间的距离，其实就好比北京西客站之于中央军委大楼——差着几站地呢，如果说这与"国家安全"有关，美国的"国家安全"也似乎太脆弱了一点。

当时的《华盛顿时报》还特意刊登了一张这栋住宅楼上可以看到五角大楼的照片，以示“国家安全”威胁的真实性。但其实，按照现在的照相机镜头技术，如果天气好的话，在北京西客站顶层，不仅可能拍到中央军委大楼，甚至可以拍到天安门广场，如此解释“国家安全”，恐怕难以服人。

对于CFIUS的否决，优金公司投资方Platinum Grove Asset Management合伙人马克·诺德利奇（Mark Nordlicht）就抨击说，这不过是出于反对中国的贸易保护主义。他警告，对外资说“不”的结果，与当前美国努力创造就业和促进经济发展的努力南辕北辙。

这也早有前车之鉴。时任美国财长的保尔森曾公开承认，当时拒绝阿联酋购买美港口和中海油的投资，让许多外来投资者对美国的外资政策产生了疑虑。

▲美国政客搅黄了阿联酋美港口并购案

金融危机爆发后，面对外资的“逡巡不进”，时任美国总统的布什、财长保尔森等官员不得不亡羊补牢一再表态称，美国仍对外资“敞开大门”。时任商务部长的古铁雷斯还再三承诺：“我们致力于为外来投资者提供公正、平等和不歧视性的待遇。”

当然，美国也不是一味都对外资说“不”，除了对盟国的投资往往绿灯放行外，在金融危机最高潮时，美国方面也一度对阿联酋、中国企业入股美国金融机构大开绿灯。

美国态度的微调，其实更多地取决于是否有求于外来企业。因为当时金融危机正全面恶化，美国金融机构资金紧张，对海外投资犹如“久旱逢甘霖”，如果再在这个问题上大做文章设置障碍，必定会引起公愤。以花旗银行为例，危机使其遭受重创，而阿联酋的75亿美元投资可谓雪中送炭，此时若再加阻止显然会触犯华尔街的利益，精明的政治家是绝不会这样做的。

所以，在那个非常时刻，纽约州参议员舒默——用美联社的话说，这位在外来投资上“说话最快、声音最响”的反对者之一——态度“180度大转弯”，公开对阿联酋投资花旗表示赞同，并暗示他也会对中国投资美国金融企业予以放行。

此外，帮美国解决包袱的外来投资，美国也是会“乐观其成”的。比如，当时面临破产的通用汽车为削减包袱，拟将著名的高耗油车——悍马出售给中国企业，尽管也有一些政客说，悍马以前是军用越野车，奥巴马政府应该在交易前进行国家安全评估，“确保没有敏感技术泄露给中国”。

但白宫却立刻表态对交易予以支持。原因在于，该交易符合奥巴马政府重组通用设定的两大目标：第一，通用必须剥离低盈利资产；第二，美国就业职位必须保留。白宫发言人伯顿后来表态说，这一交易对美国两家悍马工厂、3000名美国工人以及100多家经销商来说，都“是一个好消息”。

只是中国政府显然没有上当，尽管有中国企业表现得跃跃欲试，但对于这样逆时代潮流而上的举动，予以了坚决反对。相关中国企业因得不到政府的批准，最终只能放弃投资。没有下家接盘的悍马，最终被通用停产废弃。

但随着美国经济逐渐走出金融危机，对外资的迫切性有所降低，在一些关键性资产出售问题上，政治操弄自然又占了上风，中国企业则是主要目标之一。

而这种商业并购被政治化，企业行为被国家化的做法，正成为中国企业赴美投资最大的无奈。

中国企业购买美国金矿的努力，再次以失败告终。对于西色国际最终放弃并购交易，美国优金公司也表示理解。该公司首席执行官林奇说，这“非常非常让人失望”，但“我理解西色国际的立场，他们只不过是一家希望在全球扩大投资组合的矿业公司，他们对会卷入一场政治风暴毫无准备，这不是他们交易时所预想到的”。

从长远来看，美国作为世界第一大经济体，中国企业如果因为政治敏感性而完全摈弃在美国投资，显然也是不可取的。因此，对于美国投资必须多做准备，预想到最坏的结果，同时参考其他国家或企业的并购经验。

比如，在《华为难撼美国潜规则》一节中，我们提到了外来投资者赴美投资的“四条金科玉律”：第一，不并购整个公司，只购买小额股份；第二，事先表明不寻求控制权，不改变董事会结构；第三，与美方相关机构或一些关键人物事先私下接触；第四，避免触及石油等敏感领域，这些领域即使是小股份，仍可能引发轩然大波。

另外，相比于国有大企业，中国民营企业赴美并购引发的争议要小一些。中国企业赴海外投资，其实可以多通过民营企业的渠道，这当然仍需要国家政策上的支持。但要想彻底杜绝美方的炒作也是不大可能的，比如华为就是民营企业，其受到的妖魔化就充分说明了问题。

从更大的政府层面来说，在美国指责中国一些产业对外资开放不够的时候，美国的投资准入问题，也应该是中方可以和美国好好谈谈的议题。

中海油两次海外并购的经验教训

七年磨一剑，中海油最终抱得尼克森而归，部分也要归功于中海油决策者成熟稳健的并购战略。

2005年，中海油185亿美元并购美国优尼科公司，但最终功败垂成、饮恨而归；8年后的2013年，中海油又瞄准加拿大尼克森公司，出资151亿美元的并购虽一波三折，但最终获加国首肯。两次并购，一败一成，可管窥美加两国对外资开放的真正尺度，亦可总结不少经验和教训。

收购优尼科是中海油国际并购首次大展身手，结果也真是“一鸣惊人”。185亿美元的高报价震动美国朝野，也让将优尼科视作囊中物的美国雪佛龙报价相形见绌。美国参议员舒默等人上蹿下跳，以此并购威胁美国国家安全为由，要求白宫予以阻止。

雪佛龙也随即展开大规模的游说活动，暗示中海油此举并非出于商业考虑，而是有政治动机。在美国政治机器的驱动下，美国众议院通过一项非强制性决议，要求美国外国投资委员会就中海油要约并购优尼科展开调查，并称该交易“可能危及美国国家安全”。

在强大的政治压力下，中海油只能铩羽而归。

2012年，中海油又卷土重来并购尼克森，也并非就没有政治阻力。

鉴于并购优尼科失败的教训，在宣布收购尼克森之前，中海油一直讳莫如深，只是在默默等待着机会。

时任中海油总经理的杨华说，早在2005年，中海油高层即与尼克森相关人员频繁接触。他说：“那段时间，我每天起床的第一件事就是打开电脑，关注‘NXY’（尼克森在纽交所的股票代码）这三个字母，看看尼克森的股价。”

▲ 优尼科公司在加州的总部

股价的变动，显示并购的时机。在最高峰时，尼克森股价曾达到每股40美元左右，但受2008年国际金融危机冲击，公司股价一路下滑，最低曾达到每股10美元左右。综合考虑之后，中海油于2012年7月23日宣布以每股27.5美元的价格收购尼克森的意向，总对价为151亿美元。

2012年9月，尼克森股东和加拿大法院批准了该并购协议，加拿大政府的批准却迟迟未来。加政府是2012年8月29日收到中海油的并购申请的，按相关法律，审批时间为45天，但考虑到国内反对声音，加政府很不寻常地两次延长了审批时间。

而加拿大安全情报局9月还发表报告隐讳地表示，如果某个外国国企收购加企业，不能排除其加强秘密信息收集的能力。据报道，当时有超过半数的加拿大人反对中海油的投资，质疑反对的声音与理智支持的声音针锋相对。

在反复权衡之后，2012年12月8日，加拿大工业部最终批准了该并购协议，从收到并购申请到最后放行，历时整整100天。

但加总理哈珀在批准中海油并购案后也表示，除非“特例”，将不大可能再批准外国国企收购加拿大油砂资产。

从一系列案例来看，加拿大对中资的准入限制，尤其是在政治操弄问题上，要略好于美国。当然，这种不同，也有中海油当初并购优尼科时所不具备的天时地利人和的优势。

天时地利人和，是指美加对中资需求的迫切性有很大的不同。2005年美国经济正处于经济繁荣期，美国人对外资需求不是很迫切，更何况，在两家竞购优尼科的企业中，一家是美国企业雪佛龙，一家是中国国企中海油，而本来在美国政客心头，中国和国企都属于高度敏感词汇。两者竞逐，美国政客的倾向性可想而知。

但2012年的尼克森并购案，时间点正处于全球经济危机，加拿大等发达国家也囊中羞涩，迫切需要外资；而且，中国影响力更非七年前可比。环顾世界，坐拥大量外汇储备的中国，是各国外来投资的重要来源，更何况，正如许多加拿大分析家所警告的，如果以政治原因拒绝中海油并购，势必将影响中加贸易关系，这也是加拿大难以承受的。

当然，加拿大最终批准并购案，根本原因是政治操弄已退居第二位，中海油的并购将给加拿大带来“净效益”。哈珀就希望将加拿大打造为“新兴能源超级大国”，但要实现这一点，加拿大需要6000多亿的资金；而且，批准中海油并购，将稳固加拿大同中国市场的联系，而中国所在的亚洲，正是未来能源需求的最大市场。

八年磨一剑，中海油最终抱得尼克森而归，部分原因也要归根于中海油决策者成熟稳健的并购战略。

英国《金融时报》就披露说，这次中海油“花了大量时间向收购目标表达诚意，为提出收购要约打牢基础，而没有再像之前一样搞突然袭击”。

此外，为应对政客的杯葛，中海油展开了“魅力攻势”，其中包括一系列的承诺：将北美总部迁到加拿大卡尔加里，并考虑在多伦多证券交易所二次上市。

同时，中海油还承诺继续推进尼克森现有的社区和慈善项目，尤

▲优尼科的油罐车。收购失败是对中海油的沉重一击

其是关于原住民及当地社区的项目；继续支持阿尔伯塔大学的油砂研究以及每年向加拿大工业部提交与承诺相关的年度执行报告等；也包括承诺保留尼克森现有的管理层和员工，并同意董事会和管理层至少有50%由加拿大人出任这样几近苛刻的条件。

此外，在收购尼克森的消息公布之前，中海油非正式地接触了尼克森资产所在地的官员，这些资产遍及美国、加拿大、英国和尼日利亚等国，官员也是各种国籍肤色。这种私下接触，就是让他们有所准备。《金融时报》引述相关律师的话说，中海油与这些人的接触，旨在拉近关系，“与国会那些人的接触，某种程度上并不是为了赢得他们支持，而只是为了让他们保持中立。”

在西方，游说是很正常的公关手段。中海油也入乡随俗，花重金聘请了伟达公共关系顾问公司（Hill and Knowlton）作为顾问。该公司的加拿大分支总裁迈克尔·科茨是加拿大资深保守党党员，曾经为一位政府阁员效力，1983年成为游说专家。科茨陪同中海油副总方智与加拿大高层官员会谈。

由于尼克森部分资产位于墨西哥湾，交易还需要得到美国方面的监管许可。尽管参议员舒默等美国政客仍以所谓“国家安全”反对这宗并购案，但中海油此次作了充分的准备。在美国，中海油也聘请了伟达公司担任游说工作，游说成员包括前民主党国会幕僚罗伯特·卢克，他曾参与过中海油尝试收购优尼科的未竟之役。

正所谓“吃一堑、长一智”，从某种程度上，八年前的并购之败，正奠定了八年后的成功。优尼科并购功败垂成，却锻炼了中海油的海外并购队伍，让他们直面现实、审慎出击；同时，提升了中海油的国际名气，增强了中海油的国际影响力；而美国政客不加掩饰政治动机的负面影响，则让其他国家审批者必须审慎而行。

最终，2013年2月12日，中海油等来了美国的“路条”——美国外国投资委员会当天正式批准该笔收购，这也是这笔交易完成所需的最后一组监管许可。中海油乃至中国企业最大一宗海外并购案取得成功。

当然，并购案还不能说“完满成功”。

从表面来看，交割完成后，尼克森的资产所有权和收益权、公司的债务、责任以及团队就已经在中海油名下了，但是要真正使之成为一个整体，交易的完成仅仅是第一步。时任中海油总经理的杨华自己也承认，“并购后的整合才是创造价值的关键。”

他说，整合过程分立刻、短期和稍长时期三部分，随着整合程度的深化，价值功能的反应会更加剧烈。

从人才方面来看，尽管中海油有30多年的对外合作经验，但国际一流的经营管理人才仍然不足，因此，并购后如何顺利推进资源整合，如何保障巨额投入有合理的回报，保障资产保值增值，对中海油而言也将是巨大挑战。

更主要的，在西方国家经营，仍必须时刻警惕政治的操弄。加拿大政府这次开了绿灯，但不排除在大选等敏感时刻，一些政客又借机生事，从而让中海油等中国国企面临舆论风暴，进而影响到生产和利润。

▲美国国会就阿联酋并购港口听证会

而从资金上看，并购尼克森花费了151亿美元，再投资还至少需要数十亿美元。而在过去几年，中国企业海外投资投出去是金钱、收回来是粪土的情况也屡见不鲜。中海油也不是没有深刻的教训。须知道，并购是为了增值，不是为了博名声，也不是为了给对方“净效益”，更不是让自己成为冤大头。

将中国书卖到国外去

不可否认，类似这样的文化“走出去”项目，中国政府也有不小的资助。具体的比例因项目不同而异，高的达出资总额的三分之一甚至更高。当然，在有些项目中也有猫腻的存在，也有一些商人打着“走出去”旗号肥自己腰包的案例。

将中国书卖到海外去，而且还要盈利，这近乎是一个天方夜谭的故事。

能有足够的海外消费者吗？而且，国内实体书店难以支撑之际，海外卖书是否更是赔本赚吆喝？

至少有一家中国书店，到2013年已在东南亚开设了三家颇大的中文书城，在当地产生了不小的影响；还有一家北京文化企业，从2012年开始着手翻译100本当代中国文化经典书籍，主要目标是打入美国图书市场。

在海外开书城的中国公司，是总部位于云南的新知集团。该集团董事长李勇这样对我说，云南和东南亚山水相连，经济文化交往频繁，新知进军东南亚，完全是“近水楼台先得月”。在他看来，在东南亚市场的拓展，更可为新知集团全面进军海外积累成功经验。

新知最早开设的两家中国书城，一家位于柬埔寨首都金边，另一家则位于老挝首都万象，都是在东南亚的穷国。尽管最初几年，书店盈利尚不明显，但作为当地的中国文化领军企业，新知书店成为当地一个重要文化地标，并套句时髦的话讲，为提升中国软实力做出了积极贡献。

和李勇一样，看到中国文化海外商机的，还有北京时代华语公司董事长朱大平。2012年，时代华语公司在纽约曼哈顿开设了一家分公司，用朱大平的话说，作为重点计划，该公司将“在美国首批推出100种英文版中国图书”，其中，既有介绍传统中国文化的文学历史作品，也不乏介绍当代中国发展和成就的国情读物。

与新知集团略有不同的是，时代华语在海外发行的是中文书的英译本。

颇值得一提的是，这两家想把中国书卖到海外去的企业，都是民营公司。在中国崛起的大背景下，它们看到了海外的中国文化商机，并遵循市场规律的引导，逐渐成为中国文化“走出去”的一支生力军。其间不乏曲折和挑战，成功与否更有待时间的检验。

▲2011年新知柬埔寨金边书城营业庆典

新知为什么将目光锁定在东南亚？即使在东南亚，柬埔寨和老挝都是比较穷的国家，国民收入不太高，购买力自然有限。

但李勇有自己独特的见解。作为文化商人，他说他在这些相对贫穷的国家看到了中国文化的商机。因为无论是从历史、文化还是经济层面，这两个国家与中国关系密切，对中国文化和中文书籍有较大的市场需求。

以柬埔寨为例。该国共有华人华侨60万人，在全国总人口中的比例约为3%，而首都金边又是华人华侨最多的地方，超过30万人。他们对中文书籍有着天然的需求，更何况，随着中柬经贸文化等关系日益深化，越来越多柬埔寨人开始学习中文，希望更深入地了解中国的政治、经济、文化等各个方面。

这种客观存在的市场需求，无疑给了中国图书“走出去”的动力。2011年10月，新知集团金边书城正式成立，售卖图书约8万种，经营面积超过1500平方米。

在柬埔寨的成功，促成了新知在东南亚第二家分店——万象书城的开张。万象书城规模略小，主体面积500平方米，售卖图书3万余册，但这却是老挝最大的书店。今年春天书城开张时，老挝人民革命党中央常委、万象市市委书记兼市长苏甘·玛哈拉、老挝最高人民法院院长坎潘·西提丹帕等要人以及中国驻老大使和云南省官员都到场祝贺。

但开店容易赚钱难。尤其是在互联网的时代，赚实体书店的钱更难。

新知有其独到地方。书城主要卖书，也不排斥其他中国文化商品，而这些独具特色的中国文化产品吸引来了更多华人和当地民众，并进而对中文书籍的销售起到了很好的宣传推广效果。

以金边书店为例。书店毗邻金边大学和孔子学院，拥有较可靠的消费群。除图书外，书店同时售卖文体商品，部分面积甚至用于出租。按照李勇的说法，作为实力相对雄厚的中国公司，新知可以以批发价取得整个大楼经营权，并以零售价转包部分楼层店面，其中的差价，已足以支撑整个书店的运营。

作为市场培育的一部分，金边书店还计划以书城为依托，开办华文培训学校。

多种经营模式，其实正是国内不少大型书城在惨淡市道面前的对策。而新知则把这一中国市场的经营之道，用于市场经济还不甚发达的东南亚地区。

对新知来说，通过多种经营来补贴书店，提高了海外书店的生存能力，并扩大了该集团在海外的影响力。而中文书店的出现，客观上更有利于中国文化的海外传播，有助于增强中国的软实力，与中国文化“走出去”大战略相契合。

朱大平则走的是和李勇不太一样的路径。他想在纽约卖书，当然，在寸土寸金的曼哈顿要不亏损，显然也需要独特的角度和商业思路。但在朱大平看来，随着中国经济的崛起和影响力的增强，欧美政界、企业界和科研界等主流社会研究中国政策、历史文化的动力大大增强，这就成了“商业机会”。

朱大平说，在纽约，有一点让他很惊讶，就是那里的书店有全球最优秀的出版物，但唯独缺乏来自中国的优秀图书。“我在纽约的巴诺书店（Barnes & Noble），仅发现两本和中国有关的图书，一本是国外汉学家翻译的《红楼梦》，一本是中国旅游手册。”

他认为，如果按照市场规律来操作，遴选符合海外读者阅读兴趣的书籍，就肯定能实现盈利。

与新知在海外主要销售中文书不同，在朱大平眼里，中国图书要在海外有市场，“一定是要以英语这一全球通用语言，方能真正产生影响力。”

李勇和朱大平的海外生意经，其实也可看出中国文化企业“走出去”的深刻变化。以前，“走出去”的中国文化企业更多是国企，政府来牵头；但随着中国文化影响力的扩大，海外市场也在扩大，这促使民营企业也开始抓住商机加快布局，而这种基于市场规律的商业运作，可能更具生存力和竞争力。

不可否认，类似这样的文化“走出去”项目，中国政府也有不小的资助。具体的比例，因项目不同而有异，高的达出资总额的三分之一甚至更高。当然，在有些项目中也有猫腻的存在，也有一些商人打着“走出去”旗号肥自己腰包的案例。

另外，既然中国政府重视，海外使馆也不会怠慢。而背后有中国政府支持的商人，也往往会受到当地政府的支持。李勇就说，当老挝万象书店开业时，不少老挝高官要人都到场祝贺。

有了高层的支持，也有助于企业在海外的经营和拓展。

▲新知金边书城，顾客在书架前挑书

在海外市场，中国图书“走出去”，究竟是以中文书还是英文书为主，须视具体市场情况而定。在过去，“走出去”意味着进入主流市场，代价高昂但成效一般，甚至亏损连连。

其实，中国有庞大的海外华人市场。他们对中华文化有着很深的需求，比如，在纽约的中国城，很多居民看得更多的是国内的影视作品，反而对好莱坞敬而远之。中国文化产品，完全可以借助华人这一独特的优势和渠道，在他们身上形成影响力，进而延伸到西方主流人群。

当然，“走出去”过程也不可能一帆风顺，其间肯定颇多挑战。如果经营不善，就有亏本甚至血本无归的可能。毕竟，受世界经济不景气以及电子读物兴起的影响，海外出版市场连年萎缩，不少书店和出版社都难以为继。在过去几年，中国很多企业都热衷于进军海外，有成功的例子，但遭遇巨额亏损乃至拖累母公司的情况也屡见不鲜。

李勇就坦言，在海外开店，尤其是经营实体书店，挑战也颇多。

有两个最主要的挑战。一是文化的差异、语言的障碍以及规章制度的不完善，使一些合法的中国图书，往往颇费周章，需要较长时间才能运输到海外书店，这增加了书店的运营成本，也给经营者颇大的压力。

二是腐败。一些当地实权人物的各种暗示性举动，也给经营者颇大的压力。有很多中国企业，与某某外国官员交好，从而获得在当地经商的种种便利，但随着政权更迭，或者卷入当事国的官场纠纷，最后备受打压，甚至血本无归。

作为不太大的文化企业，李勇和朱大平的海外拓展更多是一种实验，有可能会成功，但亦难排除失败的风险。无论成功和失败，对其他中国文化企业来说，都会提供某种借鉴。

联想蛇吞象并购的成与败

这无疑是一起典型的“蛇吞象”事件，因此，当该并购消息在2004年底一公布，即震撼了国际市场，很多人甚至不大相信自己的耳朵。

一个全球份额只有3%的企业，竟然并购了另一家份额达到了5.6%的企业。

这无疑是一起典型的“蛇吞象”事件，因此，当该并购消息在2004年底一公布，即震撼了国际市场，很多人甚至不大相信自己的耳朵。

但这是真事。出钱并购的是中国的联想集团，被并购的则是美国国际商用电器公司（IBM）的全球个人电脑（PC）业务。整个并购金额达到了17.5亿美元。

彼时的联想，虽已成长为中国最大的PC制造商，在中国PC市场份额约为30%，但在全球市场占有率上还无法和IBM的PC业务相提并论；更何况，IBM列《财富》杂志500强前十位，而联想还不能进入这个500强榜单。

更关键的是，IBM的PC业务是一个亏损部门，在此前三年亏损了9亿多美元。事实上，如果不是持续亏损，IBM也不会忍痛割爱。

这起让不少人大跌眼镜的“蛇吞象”跨国并购，一波三折但最终付诸实施。按照协议，联想获得IBM的全球PC业务，包括笔记本和台式电脑以及与PC有关的全球研发中心、制造工厂、营销网络、服务中心；联想可在5年内使用IBM的商标，并保留在全球颇负盛名的“Think”电脑商标的权利。

此外，IBM的PC业务总部仍保留在美国，由原来团队继续经营；IBM则获得联想集团18.9%的股份，并承诺在未来三年内不会抛售。

如果以简单份额计算的话，并购完成后，联想将跻身全球PC制造商前三强，仅次于美国另两个PC巨头——戴尔和惠普。

对于这桩并购，赞誉和质疑同行。《华盛顿邮报》当时载文说，20年前，联想还只是“一家由北京学术研究人员建立的被夸大的配送服务公司，靠销售海外著名品牌电脑制造商的产品赚钱”，现在，该集团通过17.5亿美元的交易，“将资本主义世界最显赫的IBM品牌收归旗下，这笔交易将推动联想跻身于具有知名品牌的国际企业行列”，“这一交易，也是中国日益放眼世界经济的重要标志”。

对中国企业尤其是联想刮目相看，是美国媒体的主基调，尽管其中也不乏“捧杀”的溢美之词。时隔两年后，《美国新闻与世界报道》还载文说：大多数美国人从未听说的一家中国公司，收购了赫赫有名的IBM的PC业务，“这无疑标志着新贵的崛起和昔日王者的衰亡，贪婪的中国企业家在砰砰敲门，美国企业界的偶像已落入外国人手中”。

如此大手笔的海外并购，对当时的中国企业来说，还是破天荒头一遭。怀疑乃至批评的声音，也不绝于耳。美国一些业内人士就认为，IBM的PC业务一直处于亏损状态，而且，从2006年至2008年，全球PC销售增长速度预计将降低到2%，联想能否将IBM的PC业务起死回生，实在要打上一个大大的问号。

美国加特纳调查公司分析师莱利斯·菲林说，“联想的目标是成为全球的主要PC生产商，成为知名品牌。这一交易增加了联想的机会，不过未来几年中生意会越来越难做。”

不能说外国人的看空都是出于嫉妒或妖魔化。在完成并购初期，联想确实面临着诸多的困难。

▲对于外界在并购IBM个人电脑业务问题上对联想的批评，杨元庆在接受采访时说，这实际上是一桩非常值钱的买卖

尽管具体数额不得而知，但一些媒体都预测，在并购的最初几年，联想因为这一海外业务，亏损数额达到了数亿美元。这似乎也印证了投资者最初的担心。在2004年末联想并购IBM的PC业务消息披露后，第二天在香港上市的联想股价竟然下跌了近5%；而当该并购因美国担心“国家安全”可能遇阻后，联想股价竟大涨了7.4%。

投资者的偏好，显然让联想感到尴尬。

但至少在杨元庆眼中，这项并购是完全成功的。2010年他在和我交谈时感叹，尽管外界对联想并购IBM有种种看法，甚至认为这是不赚钱的买卖，但至少在他看来，这个交易不仅“非常值得，而且也是非常必要的。”

“如果不是这样的话，那我们还只是一个本土的电脑厂商，你可以去看一下本土的厂商，它们活得怎么样，我看它们的未来越来越危险。”杨元庆认为，正是借助IBM的品牌，许多美国人知道了联想，“我们得到的，并不仅是全球化的业务，全球的这些客户，也包括自身品牌的建立”。

确实，如果眼光放长远一点，联想正是借助这一并购，开始了大踏步的国际化跃进。数据显示，到2007年，联想在美国营业利润上升了3.4%，是收购IBM的PC业务以来最好成绩；联想在全球的PC销售增长了22%，远远超过13%的行业平均数。

股价也可为联想的成就作证。2004年，联想实施这起并购时，它的股价约在2.75港元，但到2007年8月，股价已超过了5港元。

而到2013年，联想已超越戴尔和惠普，登顶为全球最大PC制造商。

时光回溯到2004年4月20日，在联想的中关村总部，联想创始人柳传志等高管聚集在一间没有窗户的会议室内，审查有关并购IBM全球PC业务的具体事宜。按照美国《商业周刊》披露，除了联想高管外，出席者还包括咨询公司麦肯锡和投资银行高盛的专业人士。

“董事们最担心的是：联想的管理层真能经营一项复杂的全球性业务吗？”

过程充满了争吵和交锋。三天后，董事们得出一个结论：如果IBM的高管能协助管理公司，并购就可能成功。柳传志说：“董事会认为这是积极有效的解决方案。”

对当时的联想来说，它迫切需要一个根本性的变革。在国内，联想面临戴尔、惠普以及清华同方、北大方正等公司的激烈竞争，继续扩大市场份额难度颇大；在海外，受制于自身的品牌知名度不高，市场拓展又裹足不前。如果能与IBM联合，联想的市场份额将增加一倍多，而且将在全球性竞争中占据更有利的地位，同时还有望极大提升品牌的国际知名度。

对当时的IBM来说，PC业务亏损巨大、份额过低，成了整体业务的鸡肋。按照美国企业的传统，止损的最好办法就是尽快剥离。在出售PC业务之前，IBM已开始收缩战线，将打印机业务卖给了利盟、存储业务卖给了日立、网络业务卖给了思科。出售全球PC业务后，IBM将能集中精力发展利润更高的硬件和软件服务业务。

其实，IBM在环视全球寻找下家时，一开始就相中了联想。IBM自有它的如意算盘：联想如果接手，全部现金购买不太现实，最好办法是置让出部分联想股票，而作为联想股东，IBM也能由此进入广阔的中国市场。

当然，谁都不希望被寄养的儿子夭折，在IBM看来，联想具有极大的发展潜力，将全球PC业务托付给这一后起之秀，将会是一个不错的安排。

2002年夏天，时任IBM首席财务官的约翰·乔伊斯来到中国，与联想洽谈有关出售事宜。但就在前一年，IBM的PC业务亏损了4亿美元，不想做冤大头的联想自然毫无热情。

但18个月后，情况出现了重大转变，联想如上所述改变现状的意图日益强烈，而且，IBM的PC业务出现了好转迹象，亏损仍在继续但已大幅削减，联想开始对这一并购表现出极大兴趣。

但商海总有博弈，尽管看中的其实就是联想，但IBM还找到了另一家公司——得克萨斯太平洋公司作为联想的竞争对手。时任联想首席财务官的马雪征回忆说："他们利用另一个投标方案来讨价还价。他们说，'如果你不出这个价，就请出局。'"

按照《商业周刊》披露的细节，联想没有出局，经过一系列的讨价还价，联想最终和IBM达成了并购协议，而联想的17.5亿美元的出价也显然非得克萨斯太平洋公司能够比拟。而颇有戏剧性地，太平洋公司最终看到了联想这一并购的前景，后来向联想投资了大笔资金。

即便在商场博弈上获胜，联想并购IBM的PC业务若想取得成功，仍需要过很多关口。

第一关，即是美国的政治关。对于这起并购，美国众议院共和党三大佬——众议院国际关系委员会主席亨利·海德、军事委员会主席邓肯·亨特和小企业委员会主席唐纳德·曼祖洛齐声说不，他们联名致信CFIUS主席、财长斯诺，声称并购可能危及美国国家安全，因此必须对此进行审查。

对于这一平地波澜，IBM深感意外，用英国《金融时报》的话说，IBM“不明白这笔相对低技术水平的交易，为何会掀起轩然大波”。毕竟，绝大多数IBM的个人电脑都是在中国制造，而转让给联想，也不过是更换一下商标而已。

显然，美国政客意图通过高举“国家安全”大旗，展现自身强硬派立场，谋求自身利益和影响力的最大化。此后，中海油并购优尼科受阻、华为多起并购受挫，都与这一政治考量有莫大关系。

面对非难，联想和IBM表示不解和不满之后，更多的是作出妥协。据披露，为了获得CFIUS的首肯，IBM公司作出了多项承诺，比如不允许联想知道IBM的美国政府客户名单，让联想在北卡罗来纳州研究部门的美国雇员与联想其他部门的工人隔离。

这种刁难，对联想而言是如影随形的。即便在通过CFIUS首肯后，美国政客又找到了新的攻击点。比如，IBM的美国PC业务客户主要都是企业和政府，企业的购买决定，政客很难干涉，但政府部门如果继续购买IBM电脑，政客就不答应了。不少美国政客和保守人士就声称，在IBM将PC业务转让给联想后，如果政府部门继续购买，将有损美国国家安全。

比如，CNN的著名主持人卢·多布斯就表示，美国国务院进行保密网络通信时，信息可能会“传到共产党中国”去，这也许会使美国“变得比以往任何时候更加脆弱”。原因就是，美国国务院先前使用的都是IBM的电脑，现在已归到了联想名下。

在政客的搅和下，联想失去了在美国的大量政府订单，客观上也

▲2011年柏林消费电子展，特技演员在为联想平板电脑作特技宣传

加剧了其并购初期的经营困难。

第二关，则是文化冲突的挑战。《商业周刊》曾披露说，中国方面不能容忍开会拖拉，而IBM人员经常迟到，比如，2004年12月20日，杨元庆等8名联想高级管理人员出席IBM的PC业务的首次会晤，“当他们抵达纽约肯尼迪国际机场时，却没有人来接机”。

但总体而言，双方保持了坦诚的沟通和相互的容忍。比如，当杨元庆表示，倾向于并购后，IBM的PC业务在美国和中国各设一个总部，用《商业周刊》的话说，“这是有关民族自豪感的问题”。但留任的IBM的PC业务首席执行官沃德不同意，认为应该只有一个总部，而且设在纽约。双方争执不下，几天后，杨元庆部分接受了沃德的主张，只设立一个美国总部。

尽管最初几年，联想因并购IBM的PC业务遭遇了很多的困难，最后导致一度退居二线的柳传志重新回到前台，但从长远来看，并购大大提高了联想的国际影响力，借助于IBM的销售网络，“Think”品牌的电脑以及联想电脑都在美国市场有了极大提升。

这种成功，最终帮助联想在激烈的国际竞争中不断跃上新的台阶。2012年，联想又收购了德国梅迪昂电脑公司，并与日本电气公司组建了合资公司。联想逐渐成为PC领域的最强者。2012年第三季度，联想超过戴尔，跃居世界第二大PC制造商；到2013年，联想又越过惠普，登顶为世界PC制造商的老大。

联想并购IBM的PC业务，是当时中国企业最大一起海外并购，指标意义极为重大。从结果看，虽一波三折，但总体成功。

这极大地提振了中国企业的自信力，也让外国企业刮目相看：中国企业不是利用所谓的“不公平竞争”取得市场胜利，而是中国企业确实有过人的管理经验，也能将外国的亏损资产经营得有声有色。

但具体到并购事宜，失败总有教训，成功必有原因。综合来看，第一，就是不管遭遇什么样的诘难，都必须克制并有效化解。联想并购之初，美国政客频生事端，并购一度可能遇阻，但联想和IBM保持了低调的姿态，采取了妥协的办法，不激化矛盾，从而最终获得了美国政府的首肯。

第二，在具体经营上，需克服文化冲突，激发中外团队的创造力。两个团队，两种文化，两种体制，难免会产生误解，如果得不到有效沟通，误解会扩大甚至激化，从而让企业陷入空转。从这个角度看，作为中国国际化程度最高的企业之一的联想，还是颇有应对之道：留用外方管理人员，遇到问题时磋商妥协，同时中方人员尊重美国的公司文化，比如杨元庆宣布英语是联想官方语言，他本人还突击学习英文，这都有利于增进彼此的了解，促进双方的合作。

第三，更要有长远的眼光。联想的这次并购，被普遍认为是“蛇吞象”，吸引了世人的眼球，也承担了巨大的风险，但之所以这么做，就在于柳传志、杨元庆等观察到，联想仅靠自身单打独斗、自我拼搏，很难在短时间内取得重大突破，而并购IBM的品牌，将极大提高联想的国际知名度，同时有利于全面打进美国市场。这种远见最终变成了现实。

当然，最终的成功仍需要更长的时间来验证。作为中国企业的翘楚，联想还有漫漫长路要走。PC行业是一个高度竞争的产业，随着市场的饱和，联想将面临越来越大的压力，能否在拓展发达市场的同时，将自身的营销优势转向发展中市场，将是联想能否进一步发展的关键。

另外，尽管Think品牌仍颇为美国人看重，但联想自身的名声依然有待提升。纽约咨询公司HDTS公司2013年的一项在线调查显示，94%的美国人说不出一个中国品牌，即使是中国企业中最知名的联想，在1500名受调查者中，也仅有2.5%的美国人能说出它的名字。

新洲的俄罗斯噩梦

俄罗斯，真正的地大物博。其天然气储量世界第一，煤炭储量全球第二，石油储量也排到全球第八，此外还有广袤的森林，及各种稀有金属。

俄罗斯，真正的地大物博。其天然气储量世界第一，煤炭储量全球第二，石油储量也排到全球第八，此外还有广袤的森林，及各种稀有金属。

资源就意味着财富，财富诱惑着众多的中国商人。

从早年的倒爷，到现在的资源投资商。很多中国商人将目光投向北方的俄罗斯。在进军这个北方之国的中国商人中，浙江人傅建中可算是响当当的人物。他曾参与了中俄规模最大的林业收购。但让他意想不到的是，他的大手笔，既成就了自己的财富之梦，却也因复杂的纠纷，将自己拉进了投资陷阱。

傅建中的“麦城”，主要是林业资源的争议。

2003年，傅建中所在的新洲集团出资150万美元，收购了俄罗斯哈巴罗夫斯克边疆区（以下简称“哈巴边区”）的木兴林场，获得24.7万公顷的林地，经营权为49年。这也是中俄两国当时最大的林业合作项目。

作为后续，新洲集团更投资1亿元人民币，建造了办公楼、宿舍、油库、储木场、生产线等基础设施。随着基础设施的不断完善，林场生产也渐入正轨。其采伐量也从2004年的4000立方米上升到2006年的8万立方米。

随着国际木材价格的上涨，据估算，到2007年，新洲拥有的这片森林资产估值从当初的70亿元飙升至150亿元，傅建中可谓投资有道，财源滚滚。

但事情往往峰回路转。2007年3月，哈巴边区检察院以涉嫌盗采盗伐为由，查封了木兴公司的全部资产。在俄罗斯方面的步步紧逼之

▲俄罗斯叶尼塞河边的一个木材码头

下，傅建中最终失去了林场的掌控权，亿万财富随即化为乌有。

对于这样的结果，傅建中非常不服。他认为这里面存在一个连环套：俄方由检察院出面，先查扣与木兴林场有关联的运输公司车辆，以假冒的签证做局，嫁祸木兴公司。然后封货物，查账目，致使林场不能正常运行和按时缴纳税费，再以拖欠税费为由解除森林租赁合同，收走木兴公司最核心的森林资产，人为造成“资不抵债”，逼迫木兴公司破产拍卖。

据悉，就这起投资纠纷，中方曾向俄方提议成立中俄联合调查组，对此事进行全面公正的调查处理，但俄方未予回应。而傅建中当初的保险也未能起到“保险”的作用。由于投保的中国出口信用保险公司迟迟不愿做出赔偿，傅建中将该公司诉至北京市仲裁委员会，索偿1亿元人民币……

在很多中国媒体的描述中，傅建中都是“民企商人”，但其实，他远非“民企商人”这么简单。

傅建中是一个南方人，但多年在北方经营。据媒体介绍，他早年曾在哈尔滨插队，并考取了黑龙江大学哲学专业，后回浙江工作，在浙江银行系统、省委组织部工作过，在浙江、黑龙江都人脉深厚。

在大手笔赴俄罗斯投资前，他就是中国资本市场的一个运作高手。在当年重组“ST白猫”等多只股票问题上，就传有他介入的身影。

即使北上俄罗斯，傅建中也注意和政府保持密切关系。根据他的描述，2003年他在黑龙江投资时，受黑龙江政府之邀赴邻近的俄罗斯哈巴罗夫斯克考察。

地处俄远东的哈巴边区，人烟稀少，林业资源极其丰富，其中的木兴公司曾是苏联在远东最大的国有林业公司。但由于当时木材价格较低，经营管理不善，木兴林场经营陷入困境，俄方希望中方能投资加以盘活。

中国建设需要大量木材，而俄罗斯又有大量相关资源可供出口。从情理上说，对木兴林场的投资显然可以互利共赢。因此在中俄地方政府的支持下，傅建中决定大手笔投资。

作为项目收购平台，当时傅建中控股的新洲集团与黑龙江国有企业辰能贸易有限公司组建了黑龙江新洲材源木业有限责任公司，新洲占股70%，黑龙江辰能占股30%。

2003年12月25日，该合资公司出资150万美元，收购了木兴林场100%的股权，获得24.7万公顷的林地，经营权为49年。这也是中俄两国最大的林业合作项目，这个项目甚至被列为第二届中俄投资合作促进会的签约项目。

2006年10月份，国家开发银行浙江省分行向新洲集团提供总额达1.56亿元、为期13年的贷款。

考虑到海外经营风险，合资公司还就征收、汇兑限制以及俄方违约等三大政治风险进行了投保，向我国唯一承办出口信用保险业务的政策性保险公司中国出口信用保险公司（以下简称“中信保”）支付了保费496万元。保险赔偿金额超过1亿。

随后，按照傅建中的说法，公司在俄罗斯砸下重金，进行基础设施建设和商业开发。从2004年至2006年，新洲集团投资1亿元，建造了办公楼、宿舍、油库、储木场、生产线等基础设施。

但天有不测风云，噩梦随之而来。

2007年3月29日，哈巴罗夫斯克边疆区检察院以涉嫌盗采盗伐为由，查封了木兴公司的全部资产。

4月13日，检察院搜查了木兴林场的办公楼，抄走公司财务和生产等文件。

5月25日，检察院查封储木场。3天后再次搜查，并传讯木兴林场运输队司机。

6月4日，以木兴林场未及时缴纳税收为名，启动破产、资产拍卖等程序。

7月23日，哈巴边区自然资源部木兴林管所公函传达，决定提前终止在中方收购之前就与木兴公司签订的林地资源租赁合同。理由有四条：木兴公司未支付森林资源使用费；未履行合同规定的森林合理使用和森林耕种义务；违反俄联邦防火安全条例；在进行木材砍伐时违反了森林管理的要求。

8月9日，哈巴边区自然资源部木兴林管所向哈巴边区仲裁法院起诉木兴林场，请求解除森林资源租赁合同，但法院未开庭审理并裁决。

9月18日，俄方税务局进驻木兴林场查税，以欠税为由要求木兴公司破产。

但按照傅建中的说法，木兴公司当时仅欠税款151万卢布（时合5.8万美元），远未到资不抵债需提请破产的境地。

作为反击手段，木兴公司聘请俄罗斯律师，指控哈巴边区检察院非法查处林场和拍卖林场。但拟议上的诉讼却遭遇俄方法院的“踢皮球”，从市法院被推到郊区法院，再推到拉佐区法院。拉佐区法院原定于2007年8月2日开庭，但最终以检察院拒不到庭为由，推迟开庭，且再无下文。

作为重大变故的前奏，2007年3月7日，俄罗斯交警在检查中，指控木兴林场一位李姓货运司机在为另一家林场运货。而根据俄方规定，外国劳工为其他公司运输木材，属于盗采盗伐行为，李司机当即被俄交警扣留。俄媒体更指责“中国企业盗采盗伐俄罗斯森林资源”。

但随后查明，李司机非木兴公司的员工，他护照签证上所谓木兴公司负责人的签名，其实是有人假冒的。

俄罗斯的指控是否内中另有乾坤。各方说法不一。

傅建中俄罗斯遭遇劫难后，随即向中国政府求助。项目合作双方涉及的黑龙江、浙江两省的商务厅以及中国驻哈巴罗夫斯克领事馆、为新洲收购哈巴边区森林项目提供贷款的国家开发银行都曾介入调查。

黑龙江省商务厅于2007年8月15日向商务部出具的《关于我省在俄哈巴投资的木兴林场被查封情况报告》（黑商办发〔2007〕161号）说明，据黑龙江商务厅调查，认为“这个事件的性质就是俄罗斯的某个利益集团看中了木兴林场这个项目”。

2007年11月21日，黑龙江省商务厅向商务部出具《关于俄方无理中止我省企业在哈巴投资租赁木兴林场的报告》（黑商办发〔2007〕232号），认为“整个事件是经过周密策划的，其目的是吞并木兴公

▲中国东北一木材市场，据说相当部分木材来源于俄罗斯

司的资产和林业资源”。

这份报告还一一举证，认为俄方提前终止木兴公司林场租赁合同的四条理由也是立不住脚的。比如，俄罗斯在2007年实施新的《森林法》，却未及时公布相关信息；不及时提供汇款所需的银行账户，导致木兴公司不能及时缴费。而所谓未履约完成造林指标，是因木兴公司被查封后中国工人无法工作全部回国所导致。

2008年3月28日，国家开发银行出具的《关于新洲集团在俄森林采伐及加工项目被查封事件的调查报告》认为，“新洲木兴事件是由俄罗斯哈巴州政府蓄意策划组织，相关政府部门直接参与，目的是没收木兴公司资产和收回林权，属于政府强制征收行为，与壳牌公司在萨哈林的石油项目、中冶在哈巴的霍尔浆厂项目的遭遇如出一辙，是由俄罗斯国家风险所导致。”

由国家发改委主管的中国产业海外发展和规划协会于2009年3月23日出具的《关于新洲集团在俄投资项目有关情况的说明》认为，“新洲集团在俄投资项目的遭遇是俄地方政府蓄意而为的，是对已私有化项目的一次变相征收。”

《21世纪经济报道》并引述木兴公司委托的俄罗斯高级律师的话说，哈巴边区检察院在查封木兴林场木材之后的一系列行动中，很多环节涉嫌违法，如在未向法院起诉木兴林场，没有获得法院裁决的情况下，就开始拍卖木兴公司的木材等资产。还有，由检察院要求木兴林管所向木兴林场下达收回采伐权的通知，也不在其职权范围。

傅建中更向媒体披露，作为某种蛛丝马迹，在木兴公司遭遇劫难前的2006年末，俄罗斯远东林业集团曾提出，以360万美元的价格收购木兴的林地资源。这自然遭到傅建中的拒绝，因为360万美元，折合下来只有几千万人民币，而他光基础设施建设就投入超1亿元人民币，怎么可能折价甩卖？

让傅建中更无奈的，当初的保险也未能起到“保险”的作用。由于投保的中国出口信用保险公司迟迟不愿做出赔偿，傅建中将该公司诉至北京市仲裁委员会，索偿1亿元。2012年9月12日，北京市仲裁委员会开庭审理了此案。

但对于傅建中的指控，中信保则认为，公司委托俄罗斯当地律师机构进行独立调查，确认被查封的损失已经发生，但“被保险人未能提供足够证据证明其发生的损失属保单责任范围内”，因此无法进行理赔。

仲裁显然需要时间，而结果更不容乐观。傅建中同时寻求国际仲裁，让俄罗斯方面做出赔偿。截至2013年初，该国际仲裁申请已提交至商务部，但结果尚难预料。所以，从新洲的这件投资案来看，中国企业至少应该得到以下几条教训。

教训一，必须认识到俄罗斯复杂的投资环境。

2012年俄罗斯加入了世贸组织，尽管其法律制度正走向完备，经济因其资源禀赋也可望呈现较快增长。但一个不争的事实是，相对于其他一些国家，俄贪腐现象较多，某些地方政商勾结，甚至黑道插手，往往让正常的外来投资遭遇困境。

教训二，在资源能源等项目上投资，需慎之又慎。

俄罗斯富有能源资源，但这些项目的外来投资，往往都会引起敏感的问题。而正是在能源问题上，外来投资者在俄罗斯迭有教训。包括英国石油公司（BP）在内的多家石油巨头就指控，随着国际油价的攀升，俄政府采取各种措施，逼迫这些公司退出在俄的石油权益。尽管俄政府认为自己采取的手段合法正当，且外国公司多有不法行为，但如果多家公司都有一致的指控，其中的有无猫腻自然也不言而喻。

教训三，在海外复杂环境投资，最好找靠得住的合作伙伴。

值得注意的是，傅建中此次俄罗斯投资，更多的是自己单打独斗，在这场产权博弈中，俄地方政府、当地同行成了对手方，这显然是在海外复杂环境投资的大忌。在市场经济体制不甚完善的俄罗斯投资，有一个靠得住的俄罗斯伙伴至关重要。这一定程度上有助于降低投资风险。

当然，投资还必须入乡随俗，跟当地政府搞好关系；同时如果风险太大，必须为投资购买必要的保险，尽管很可能保险也不中用。

部分材料来源自《21世纪经济报道》等媒体

中铁建泪洒沙特轻轨

2010年10月25日，中国铁建的一纸声明，震惊了中国股民。这一央企在沙特承包的麦加轻轨项目，预计亏损将达到41.53亿元。

2010年10月25日，中国铁建的一纸声明，震惊了中国股民。这一央企在沙特承包的麦加轻轨项目，预计亏损将达到41.53亿元。

这是怎样的规模？

要知道，就在之前一年的2009年，中国铁建获得的总利润不过65.99亿元。如果沙特轻轨亏损坐实，中国铁建2010年业绩将大幅下滑。可以说，辛辛苦苦一大摊，一个项目全玩完。

中国铁建属于中国企业“走出去”的老兵，曾先后中标建设了尼日利亚现代化铁路、沙特南北铁路、阿尔及利亚高速公路等大型海外工程项目，项目颇受好评，经验也不可谓不丰富。但沙特轻轨项目却成了这个工程老兵的滑铁卢。

但至少在2009年，中国铁建对沙特这个项目更多的是兴奋和憧憬。2009年2月中国铁建在沙特利雅得签署的这份承包协议，金额达到了17.7亿美元（约合 121亿元人民币）。而且考虑到麦加的圣城地位，这一合同更具有超越一般商业合作的政治意义，亦凸显出沙特对中企的看重和中沙之间的密切关系。

按照当时新华社刊发的通稿，沙特麦加轻轨项目既是沙特的首条轻轨，也是自2008年6月中沙两国政府签署《关于加强基础设施建设领域合作协定》之后的首个政府间合作项目。

根据合同，麦加轻轨项目起于加马拉站，经米纳、穆茨达里法赫，至终点阿拉法特站。正线全长18.06公里（实际建成后总长为18.25公里），环形折返线长1.6公里，其中高架段长13.36公里。全线共设9座车站，其中高架站7座，另设车辆段1座。

整个建设工期约22个月，由中国铁建独家设计、采购、施工总承包，随后还将负责三年的运营管理。新华社报道说，“项目在2010年10月开通运营后，高峰时的运输能力约为每小时7.2万人，将极大缓解每年数百万穆斯林朝觐者在麦加朝觐期间的交通压力”。

时间紧迫，任务繁重，中国铁建随即投入大规模建设。

但大规模亏损也随之而来。

在2010年10月的声明中，中国铁建承认，他们在建设后发现，轻轨项目的实际工程数量，要大大高于签约时的预估，再加上沙特业主大幅提高了第一年的运能要求，而且由业主负责的地下管网和征地拆迁工作严重滞后，这迫使一些已完工的工程还必须重新调整，最后导致项目工作量和成本投入大幅增加，计划工期出现阶段性延误。

按照中国铁建的原本估计，项目到2010年9月30日结束，合同总收入即此前签订的近121亿元；但按照到2010年的估算，实际总成本将达到160.69亿元，再加上财务费用1.54亿元，该项目预计亏损41.53亿元。

一项海外工程，亏去了中国铁建大半年的利润。股民自然欲哭无泪，中国铁建也算“经营有方”！

但烂账总需解决。2011年1月21日，中国铁建发表声明，为妥善处理沙特麦加轻轨项目索赔事宜，作为上市公司的中国铁建，将工程项目移交给母公司中铁建总公司。

根据协议，中铁建总公司承担其中20.77亿元人民币的损失，中国铁建则承担剩余的13.85亿元人民币的损失。

▲ 中国铁建建设的沙特轻轨

中铁建总公司持有中国铁建61.33%的股份。按照新华社的说法，作为央企的中铁建总公司，“更为适宜处理沙特项目，尤其是更有利于争取尽可能好的索赔结果，方案事实上是对股东、上市公司和控股公司做出的一项‘多赢’安排”。

委婉的评价背后，却是央企接过数十亿元的亏损担子的事实，而这种事实，其实就是全民埋单。一项本应带来巨额利润的海外工程，最终成为一个烧钱的无底洞，触目惊心，教训何其深刻！

一个121亿元的项目，最后落得40多亿元的亏损，中国铁建是怎么建设的？

按照中国铁建的说法，原因出在项目承包采用了EPC+O&M（即设计、采购、施工+运营、维护）模式，项目签约时只有概念设计，而在项目实施过程中，实际工程数量比签约时预计工程数量大幅度增加。

此外，沙特方面对该项目的2010年运能需求较合同规定有大幅提升，而沙特方面负责的地下管网和征地拆迁工作严重滞后以及为增加新的功能大量指令性变更，使得部分已完工工程重新调整等因素，导致项目工作量和成本投入大幅增加。

中国铁建说得很含糊，其实直接原因有三个，一个出在劳工问题上，另一个在业主的要求变更上，再一个则是沙漠环境下的高成本建设。

在以往的海外项目中，中国企业都习惯从国内招聘工人，中国工人吃苦耐劳、成本较低，这也是中国工程企业海外竞争力的优势之一。

但沙特麦加轻轨项目情况不一样。按照合同条款，项目须在一年多内建成。由于该项目事关圣城麦加，2/3的地段属非穆斯林禁入区。中国铁建不得不更改原先的派工和用工计划，在国内招聘穆斯林工人来负责这些项目。这极大地提高了用工的成本。

即便如此，为按期完成项目，中国铁建还不得不雇用当地的工人，租用当地的工程器械。当时的中东正处于大兴土木的阶段，市场竞争激烈，劳动力成本相当高昂，中国铁建的用工成本为此大幅攀升。而管理海外工人和租用海外设备，对中国铁建也是一个高难度的考验。

更让中国铁建头疼的是，沙特方面不断更改建设要求。比如，整个轻轨项目共有9座车站，最初沙特方面只要求在2010年10月建成4座，但最终又增加成7座。此外，沙特方面又要求增加运力，而与此同时，沙特方面负责的地下管道网、土地征用和重新选址工作则大大延期。

此外，为适应人流密集和高温、风沙等特殊的气候环境，麦加轻轨各沿线车站在环境温度、消防安全等级、旅客疏散能力方面必须提供足够的冗余。除了功能现代化，项目建设的车辆段要求各建筑物、维修库房全部封闭防尘，并使用特殊的沙漠空调系统。这些都意味着更高的建设成本。

但从一个正常的商业合同角度看，中国铁建应该在签约时就预估到这些成本，而不是在开工一年后对成本大幅增加目瞪口呆。这正暴露出签署合同时的草率和冲动。

工程已经开工，中国铁建由此进退两难。继续承建，意味着成本不断上升、亏损势必继续增加；放弃承建，则会背上恶名，影响其他合同，并可能对中沙关系大局带来影响。

从公司利益和国家关系大局考虑，中国铁建别无选择，只能硬着头皮建设下去，而且还必须是高质量地完成。

因为在中沙官方看来，这一项目是作为两国国家元首亲自见证签约的项目，是深化两国友谊的见证，虎头蛇尾或者工程烂尾，必然会影响大局。

在工程遭遇困难的2010年7月，在会见到访的中国商务部副部长陈健时，沙特城乡事务部大臣曼苏尔亲王就说，麦加轻轨项目是在中国国家主席胡锦涛和沙特国王阿卜杜拉的关怀下实施的。他说，他知道“中国政府和企业为此付出了巨大努力”，但他也指出，“麦加轻轨项目按时保质完工，将为中国公司全面进入沙特市场和扩大沙中两国经贸合作奠定基础”。

沙特方面给出了压力、鼓励，也不乏“胡萝卜”。中方也自有分寸。

陈健则在会谈中说，中国政府对中国公司承建麦加轻轨项目非常重视，“这个项目如能高质按时完工，将成为中国和沙特合作的示范性项目，为两国进一步加强经贸合作树立典范”。陈健率领的中国经贸代表团，当时还专程前往轻轨项目施工现场进行了实地考察。

这样的大背景，中国铁建不建也得建。按照新华社的报道，在麦加轻轨的“大会战”中，“广大参战员工战高温、斗酷暑，每天坚持在摄氏五六十度的高温下拼搏奉献，有的连续几十个小时不下火线，先后有800多人次中暑，3000多人次患病，员工们有的亲人去世，有的妻儿生病，但大家把痛苦埋在心头，把困难抛诸脑后，无一人退却，无一人叫苦”。

到2010年下半年，随着通车期限的日益逼近，按照中铁十八局集团麦加项目负责人的说法，为尽快完成土石方开挖，“几乎把沙特境内所有能够租赁的设备都集中到了麦加工地”。

即使沙特方面提出增加车站的要求，中国铁建也只能不计成本努力落实。按照《南华早报》引述相关分析人士的说法，“中国铁建别无选择，只能使用某些昂贵的零部件，因为有并非他们选择的外国设计者参与了这个项目”。

从最后实际效果看，中国铁建蒙受了巨额损失不假，但轻轨项目的高质量完工，确实如同是中国铁建和中国企业在沙特和中东的一个“奢侈广告”，也对中沙关系带来了积极影响。

2010年11月15日，麦加轻轨首次投入载客运行，朝觐者乘坐轻轨列车从米纳赶往圣地阿拉法特，以往需要七八个小时的行程，现在只需要几十分钟。这极大地缓解了当地的交通，也让沙特政府大舒一口气。

在当年持续5天的朝觐活动中，麦加轻轨共开行列车700多趟，成功运送朝觐者超过100万人次，受到当地社会各界和世界各地穆斯林的赞誉，沙特媒体和要员也不吝赞美之辞。

沙特《经济日报》评价说，在沙特工程建设史上，“还没有一个如此规模巨大的项目能在一年多的时间完成，也只有中国公司才能做

▲轻轨在朝觐过程中发挥了重要作用，受到广泛赞誉

到这一点，除了施工能力强大外，还缘于他们吃苦耐劳的精神”。

沙特南亚国家朝觐事务公司副总裁侯赛因说：“这是中国第一次在伊斯兰世界承揽这样巨大的工程，这不仅拉近了中国和伊斯兰世界的距离，也将使得中国和沙特的关系更加紧密。”

沙特《阿拉伯新闻报》还援引一位沙特商人哈里西的话说：“这项工程赢得了沙特人对中国更多的爱和尊重。麦加朝觐铁路具有世界级水平，每一项技术和每一个部件都是中国工程师和技术人员在中国的工厂生产的。它就是一个建设奇迹，向中国人致敬。”

在5天朝觐活动结束后，时任沙特第二副首相兼内政大臣、最高朝觐委员会主席纳伊夫亲王也亲自试乘了轻轨，他说自己有三个“没想到”：“没想到速度如此之快，从阿拉法特到加马拉只需要几十分钟就能到达；没想到列车运行如此平稳，感觉非常舒适；没想到车站和列车这么整洁有序。”他然后感慨：“看来今后还要多修几条这样的铁路！”

为了这条高度政治性的轻轨铁路，中国铁建收获了掌声，也蒙受了巨额损失。

但赔本赚吆喝，总不是企业经营之道。对中国铁建来说，在签订合同之前，首先必须明确自身的责任和义务以及建设的成本和能力。尤其是要在海外聘请工人、租用海外设备的工程项目，更要妥善做好前期的调研。没有充分的调研就贸然签订合同，往往会带来难以估量的亏损。

其二，作为政策性合作项目，还必须做好双方政府的工作，避免因政策变动而陷自己于被动。像麦加轻轨工程，一旦接手，即使蒙受巨额损失也无法推脱，这实则会让企业面临无底洞的尴尬。面对这样的项目，公司与政府有效沟通显得尤其重要。

至少从理论上说，对于轻轨的亏损，沙特方面也有责任。因此在当初分割亏损时，中国铁建和中铁建总公司约定，如果索赔收入低于13.85亿元人民币，索赔收入将全部归中国铁建所有；如果索赔收入高于13.85亿元，但低于34.62亿元，则中国铁建享有其中的13.85亿元，剩余部分归中铁建总公司所有；如果索赔收入高于34.62亿元，中国铁建享有13.85亿元，中铁建总公司享有20.77亿元，剩余部分则用于补偿中铁建总公司可能出现的项目后期亏损，若仍有剩余，则将返还中国铁建所有。

当然，这种分割，更多是扶持上市公司，同时是避免引起股民反弹的安抚行为。但这种国家和纳税人埋单的做法，也非长久之计。这也就要求即使是政策性工程项目，政府方面也须提供足够的扶持、引导和协调，避免中国企业陷入难以自拔的旋涡。

当然，从长远来看，老实人也不会总吃亏。就如同中国当年对非洲的超越自身能力的大规模援助，收获的是中非的长久友谊，也为今天中企开拓非洲奠定了良好的基础。中国铁建的亏本建设，也看在沙特人的眼里；良好的工程质量，更让沙特业主颇为感动。因此，麦加轻轨建设，也带动了工程器械等“中国制造”对沙特的出口，“中国建筑企业”也成为一张名片。

正是借助这一轻轨项目打出的良好名声，到2010年11月麦加轻轨开通运行时，中国铁建在沙特承揽的铁路、公路、市政、房建等工程项目近20项，合同金额超过200亿元人民币。沙特政府表示，未来将修建多条铁路，中国铁建无疑是强有力的竞争者。

而放眼整个阿拉伯世界，多条跨国铁路正在筹划准备中，有着在沙特等国的良好声誉，中国铁建的竞争力不容忽视。

塞翁失马，焉知非福。但如果麦加轻轨能够盈利，岂非更是美事一桩！

中石油在秘鲁的探索

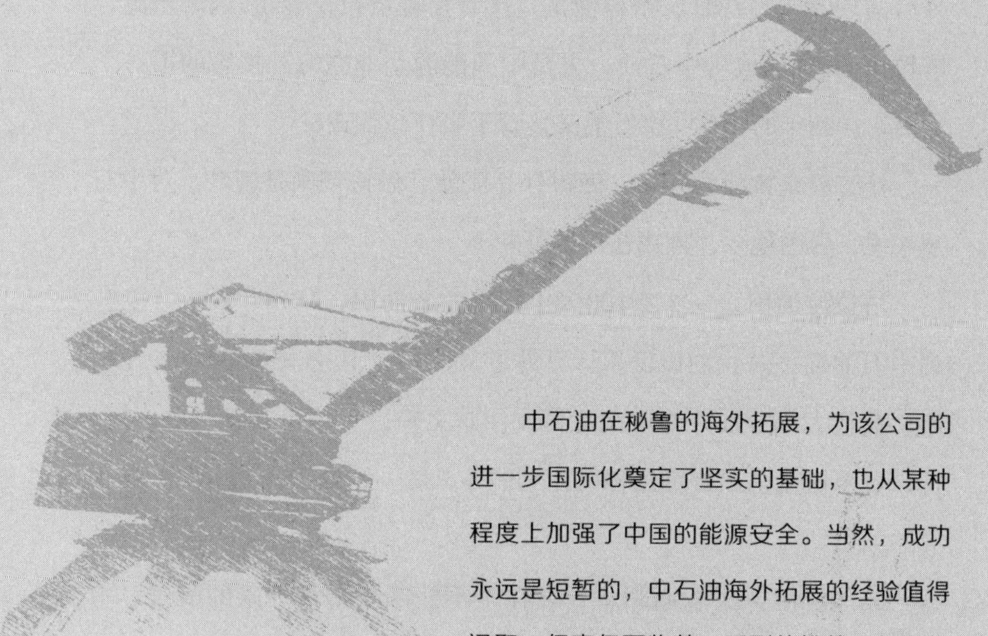

中石油在秘鲁的海外拓展，为该公司的进一步国际化奠定了坚实的基础，也从某种程度上加强了中国的能源安全。当然，成功永远是短暂的，中石油海外拓展的经验值得汲取，但它仍面临着一系列的挑战，仍旧放松不得。

2013年3月27日，新华网播发了一篇我在秘鲁利马的同事发回的报道，报道的大致意思是：1993年，中国石油天然气集团公司“走出去”的第一步是在秘鲁，屈指算来，2013年正好是20周年，“从实践来看，秘鲁项目是中石油海外运作的一个成功典范，该项目不仅获得了丰厚经济收益，而且锻炼了队伍、积累了经验，对中国油企巨头的海外拓展，打下了坚实的基础”。

这种褒奖，并非只是应景唱和。对中石油来说，秘鲁这一步，确实意义重大，成果丰硕。

秘鲁的项目开始于1993年的10月22日，当时中石油与秘鲁国家石油公司签署协议，获得了秘鲁北部塔拉拉油田7区的作业权，两个多月后的1994年1月8日，中石油正式接管秘鲁塔拉拉油田7区。至此，塔拉拉油田7区成为中石油，也是中国能源企业在海外接管的第一个油田。1995年的10月，中石油又接管了塔拉拉油田6区。

接管只是挑战的开始，做得好是成就，做得糟则是噩梦。对中石油来说，异国他乡，挑战连连，噩梦不少。

塔拉拉油田是一个有100多年历史的老油田，1874年投入开发，到中石油接手时，油田已累计钻井近5000口，其中只有530口井在生产，其他大部分油井都埋在荒草或沙石之中，平均单井日产量不到3桶，可采储量采出程度据称已达到97%，是一个处于开发末期濒临废弃的油田。

其他能源巨头望而却步，就在于不能准确估量开采的前景。中石油勇敢接手，固然有杀出一条血路的勇气，但也不乏火中取栗的冒险。

尽管有各种困难，其中包括当地的文化冲突，但至少在经营管理上，秘鲁工人相当配合；而借助于创新技术和地质勘查，中石油捷报频传。在接管后的不到3年时间里，塔拉拉两个区块的原油年产量，由8万吨上升到30万吨，被秘鲁媒体称之为“秘鲁石油界的最大新闻”，中石油原油日产量由接管时的1700桶，到1997年达到最高峰的7000桶。

如此业绩，自然要乘胜追击。2003年7月，在秘鲁亚马孙热带雨林的油田中，中石油又从阿根廷私人石油公司手中购买了1AB和8区块45%的股份。高效的管理，勤奋的付出，创新科技的投入，中石油接管1AB和8区块后，原油产量也出现回升。

到2013年，中石油在秘鲁共拥有4个油气田开发区，累计生产原油2660万吨。

可以说，相比于许多海外投资较差的业绩，中石油在秘鲁的投资结果让人惊艳。截至2012年年底，中石油秘鲁公司累计回收资金39.18亿元人民币，投资回报率达到403%。

塔拉拉油田是中石油海外投资的第一站，结果让人振奋，尤其是中石油将一个接近废弃的老油田，改造成一个富矿，让秘鲁和拉美石油界刮目相看，也极大地提高了中石油的海外形象。

在这个过程中，努力和科技起了关键的作用。中石油秘鲁分公司总经理宫本才曾写过一篇总结文章，概述了转变的缘由，撇开其中的一些国内报功术语，其中 “四精”管理颇值得称道。所谓“四精”，即技术上精雕细刻，生产上精益求精，运行上精心管理，经营上精打细算。

具体来讲，首先，在设计上精查细选，提高方案成功率。一是精查资料，二是精查井位，三是精查地下地质情况。按照宫本才的话说，他们“大胆探索、扩大视野，打破了6、7区没有上产空间和可行措施的悲观论调”。

其次，在技术上精雕细刻，提高开发命中率。精雕细刻，就是要创新技术，实施精确开发、完美开发，把“不可能”变为“一定能”。18年中，累计发现18个新含油断块和未曾动用的新层系，使沉寂百年的老油田重新焕发了青春。

第三，在生产上精耕细作，提高油井采收率。精耕细作就是办法想尽、方法用尽，实现采收率和单井产量的最大化。把每口井都看作财富，无论产量高低，按照“一井一策一工艺、一层一策一方法”的原则，为6、7区的5000多口井进行“体检”，建立单井档案，实行分类管理。

第四，在经营上精打细算，提高投资回报率。精打细算主要是以“创造价值”为核心，坚持“从源头上降成本，用心花准每一分钱”的信条，通过精准预算、精准投资、精准执行实现效益的最大化，使6、7区项目效益由“小而贫”转变为“小而富”。

当然，秘鲁项目也具有一些独特的特点。尤其是一个海外的石油项目，没有碰到中国企业后来经常遭遇的当地人非难和抵制的问题，一则是因为当时是中国企业“走出去”之初，外国对中国投资还比较陌生，很友善也颇有期待；二则是中国企业做事规范，管理严格，注重自身形象。

中石油内刊就曾在一篇文章中这样写道：在合作区周边，中国石油帮助当地搞经济建设，办学校、开诊所、修道路，使当地人切实得到了实惠。在医疗条件落后、交通闭塞的亚马孙雨林原住民社区，通过捐资援建诊所，为原住民解除看病就医之忧。同时，还为原住民开垦可可种植园，增加原住民的经济收入。

在塔拉拉油田，我的新华社同事还报道过塔拉拉油田6、7区项目生产负责人李刚资助当地贫穷女孩上大学的故事。

这个女孩叫辛迪亚，父亲原是渔民，一个月能挣不足300索尔（约合110美元），母亲是打扫卫生的临时工。辛迪亚虽聪颖好学，但贫寒的家境让她的大学梦面临破碎。

当时塔拉拉油田和当地中学商量学校共建的事宜。校长邀请李刚参加学校的毕业典礼，并向他讲述了辛迪亚面临失学的情况。李刚在教室里第一次见到这个腼腆的女孩，然后又走访她家。面对家庭一贫如洗的辛迪亚，李刚决定个人出资帮助这个在学习上十分要强的穷孩子读大学。

自2010年10月起，李刚每月给辛迪亚送去600索尔（约合220美元）；为解决辛迪亚全家窘迫的生活状况，李刚又推荐辛迪亚父亲到一个与中石油有业务关系的公司做保安员，使他的收入从原来的300索尔提高到1100索尔（约合420美元）。

辛迪亚最终如愿进入大学学习。而中国人资助当地女孩读大学的故事也不胫而走，树立了中国人和中国企业的良好形象，也为中石油在当地的业务发展创造了良好的条件。

其实，企业积极介入公益活动，企业家在当地高调做慈善的行为，很多来华的外资企业和外国人都曾做过。小额的支出，情感的沟通，得到的则是非常正面的公司形象，属于正面企业文化的重要组成部分。举凡在海外受欢迎的中国企业，也莫不有类似的义举。

而后来一些中国企业海外投资频繁遇阻，固然有政治炒作等非企业所能控制的因素，一些企业人员素质低下，一心向钱看，不尊重当地民众从而加剧了矛盾，也是一个不争的事实。

塔拉拉油田的成功，也加快了中石油的海外拓展步伐。

在拉美的厄瓜多尔，中石油与中石化联手，收购了该国位于亚马孙雨林的油气项目，依靠类似的技术创新和管理创新，使投入开发30多年的老油田保持了稳产。

在委内瑞拉，中石油和委内瑞拉国家石油公司合作，开发了陆湖项目、苏马诺项目、MPE3项目和胡宁4项目。按照中石油的说法，中委两大石油公司还合作促成了“中委石油发展基金”的建立，并极大地推动了委内瑞拉基础设施、农业、石油装备制造业的发展，为该国经济发展注入了强大的动力。

在哥斯达黎加，中石油在这里建立了合资炼油厂。在加拿大，中石油也通过多种途径介入加拿大的油砂开发。

2008年8月，中国石油重组海外业务，成立南美公司，负责拉丁美洲地区的油气合作业务。当年，南美公司的石油产量突破1000万吨。

从某种程度上说，拉美成了中国能源企业走出去的福地。从这里开始，中国能源企业将目光又投向俄罗斯、中亚、非洲以及中东，期间遭遇了不少失败和挫折，但也不乏进取和成功。按照中石油的说法，仅该公司就完成了再造一个“海外大庆”的任务，2011年中石油海外油气权益产量达到了5170万吨。2012年2月，“中国石油海外合作油气田规模高效开发关键技术”还获国家科技进步一等奖。

中石油在秘鲁的海外拓展，为该公司的进一步国际化奠定了坚实的基础，也从某种程度上加强了中国的能源安全。当然，成功永远是短暂的，中石油海外拓展的经验值得汲取，但它仍面临着一系列的挑战，仍旧放松不得。

万达出海，“红旗”与银幕

万达的雄心也不仅仅只在美国市场。除了在中美这两个世界最大的影院市场分别控制着最大和第二的院线集团外，2013年，万达又把目光瞄向了欧洲。

2012年9月4日，美国加州洛杉矶。来自中国大连的万达集团董事长王健林颇为兴奋地宣布，他已完成对美国AMC娱乐控股公司的收购，金额为26亿美元。由此，万达坐上了全球影院运营商的头把交椅。

在美国，AMC为仅次于帝王娱乐集团的第二大院线集团，旗下有影院338多家，银幕4865块，其中包括2171块3D银幕和124块IMAX巨幕。在北美收入排名前五的五家影院中，AMC独占其四。

根据达成的协议，AMC将成为万达旗下的全资子公司，万达每年向其注资最高可达5亿美元。

至少在官方的报道中，这是中国企业走向海外的一个壮举，而且是在以前涉猎不多的文化领域。考虑到万达民营企业的性质，此次并购，也是中国私人控股公司进行的规模最大的海外并购活动。

万达的雄心也不仅仅只在美国市场。除了在中美这两个世界最大的影院市场分别控制着最大和第二的院线集团外，2013年，万达又把目光瞄向了欧洲。

美国《华尔街日报》2013年4月7日一篇文章曾以这样的开头写道："在美国影院市场大捞一把后仅仅几个月，中国的大连万达集团就朝着成为一个全球电影放映巨头方向继续迈进，为收购一家电影院线展开谈判。"

当然，瞄准影院市场的也并非只有万达。这篇报道最后一段就说，万达"未必是唯一寻求打入欧洲电影市场的中国公司"，"业内人士称，至少有另外两个来自中国的其他实体探讨了此类收购，此人说，这两者都是在万达收购AMC的刺激下这样做的。"

在过去，中美文化领域的投资或并购，大多是反向进行的，美国电影公司努力拓展中国市场。比如在万达宣布正式并购AMC之前，中国电影发行商博纳营业集团同意向美国新闻集团出售约20%的股份，迪士尼公司和梦工厂动画公司在中国建立合资公司。

但万达借船出海颠覆了这一传统途径。整个谈判秘密进行了约两年时间，按照王健林的说法，刚开始对方开价15亿美元，这指的是股权并购价格，此外，AMC负债还有18.9亿，因此，总价是在30多亿美元，但万达方面只愿意出到28亿美元。

谈判为此僵持了有一年的时间。王健林说："我有次谈判临走时跟他们讲了一句话，愿意买你这个院线，又有能力买你这个院线的，全世界只有万达一个公司。有钱的公司很多，但大多不愿意进入这个低利润的行业。"

最后，AMC股东方面做出让步。至于为什么让步，按照王健林的说法，"因为AMC一共有5家基金公司，这些基金到2012年是必须退出的年份，所以公司必须在这一年卖出去"。在26亿美元的并购额中，"实实在在地说，我们只花了7亿美元并购它的股权，比它开价的一半还少一点。"

王健林并且透露，在签字的时候，这5家基金公司要求万达方面不要公布并购美元的数额，只公布总并购额，就是担心对他们这个基金未来在美国市场上的影响不好。

这对万达国际化战略将带来深远影响。按照王健林的说法，作为一个地产巨头，一开始做文化产业是被动的，觉得购物中心光靠卖东西是不行的，于是就想搞电影院、卡拉OK、电子游戏。形成规模

▲美国一家AMC的外景

后，院线给万达带来了可观的净利润。之后就产生了“文化自觉”，并把它当成一个产业来做，并最终进军国际市场。

具体到收购AMC问题上，王健林坦陈，很多人对这宗海外并购表示疑虑。他说，“很多人对万达这个决策表示看不懂。我也经常会被问到，这起海外并购生意到底是赚了还是亏了”。

但按照他的说法，之所以决定并购AMC，万达有两个方面的考虑：

首先，是为了尽快把万达院线做强、做大。“现在（2012年）万达院线在国内已经有超过1000块屏幕，在中国的市场份额接近16%，且每年还有1个百分点的增长。万达院线在亚洲已经排名第一。”

但如果要成为世界的院线巨头，只有靠并购。像北美地区三大院线都在四五千块屏幕以上。单靠万达自己的发展，规模永远不可能做到全球同业领先。

其次，26亿美元不算贵。“26亿美元表面上看起来比较贵，但这里面包含公司好几亿美元的现金账面；同时AMC还持有一个上市公司的股票，这个股票有浮动，但是始终在2亿至3亿美元之间。把这两项减掉，大概还剩20亿美元。20亿美元对应5000多块屏幕，每块屏幕折合人民币300万左右。目前，万达在国内投资一家多厅影院，每块屏幕的平均成本还在400万元左右。从这个角度讲，我认为是很有价值的。”

对商人而言，文化也是产业，也完全可以盈利。王健林对此有清醒的认识，他在接受媒体采访时说，发达国家的经验证明文化应该做成大产业，因为“发达国家的文化产业比重都相当大，以美国为例，文化产业的产值占到GDP的24%至15%”。

更关键的，则是“真正的文化强国，随着它的文化输出，它的理念、意识、价值观也在世界上普及”。

而这更契合了中国努力提升自己“软实力”的国家战略。

在分析万达为什么收购AMC的文章中，英国《本周》杂志曾有一段颇有意思的问答。

问：“这次收购是中国和好莱坞越来越密切的最新举动。万达想做什么？中国政府是否牵涉其中？”

答：“没有。万达是私营企业，但是中国政府把电影和其他娱乐形式当作在海外传播中国影响力的手段，万达进入美国是国家尝试的一部分。”

问：“AMC会不会开始放映中国电影？”

答：“现在不会，尽管未来某一天会发生。‘我们服务于多样化的观众。’AMC首席财务官克雷格·拉姆齐表示。万达董事长王健林表示，美国的电影放映完全取决于美国主管。”

从某种程度上，鉴于中国公司并购美国企业频繁遭遇杯葛，万达并购在中国人看来比较敏感的美国文化企业，显然是一个例外。

美国专栏作家肖恩·赖因在一篇题为“红旗和银幕：中国为何购买美国的电影院”的文章里说，其实美国人也对中国企业并购AMC有所担忧，“某些观察家担心，AMC这样的美国媒体发行商归属中国，会有什么含义，并猜测它会被用作中国政府推动国际软实力野心的渠道。这种担心是不是合理？万达是寻求利润的私营企业，还是共产党的掩护物，或者两者都是？”

▲雄心勃勃的万达影业

但赖因也承认，万达的收购，更多是产业拓展，而不是花数十年时间自己“艰难地创建”新品牌。至于软实力的提升，余地也有限，因为“AMC是电影院线公司，而不是电影公司，即使万达想提升中国软实力，其能力也将有限，因为AMC只发行内容，而不像派拉蒙影片公司或二十世纪福克斯影业公司一样创造内容”。

但显然，对万达来说，这样的收购，有着一举多得的效果，扩展了市场，帮助中国提升了软实力，同时，也可争取国家更多的支持。

毕竟，中国企业海外并购，并不是依靠企业的自有资金，而是来自于国有银行或机构的融资。对于有益国家利益的企业拓展，国家岂能不给予支持？

美国《华尔街日报》就在一篇题为《AMC：对万达来说是一条大鱼》的文章中说，外国人在好莱坞投资的历史很久远，“他们被电影行业的光线魅力所吸引。不过，中国万达集团购买美国第二大影院连锁公司——营业额主要依赖爆米花和苏打汽水——的原因依然隐藏在红色天鹅绒幕布后”。

“天鹅绒幕布”后到底有什么意图呢？在该报刊看来，除了有企业的扩张外，也不乏国家的文化战略。“万达收购AMC之时，中国高层正在全面加强对电影、动漫和其他流行文化主题的重视”，“这种重视是为了提升中国软实力，使中国也拥有美国通过风靡世界的好莱坞电影所享有的那种影响力”。

当然，代价也不是没有，毕竟，AMC是一个亏损企业。在2011年度亏损8300万美元，而它的对手帝王娱乐集团和喜满客集团则都是盈利。如果不是亏损，AMC又岂会轻易卖身？如果不是亏损，美国政府又岂会轻易放行？

对于AMC的未来，王健林雄心勃勃。

他说，在并购完成后，万达还要向AMC注资5亿美元，主要用于影院的改造，这些注资会大大降低AMC的负债率，“负债率降下来后，AMC可以获得很好的财务评级，再融资的成本就降低了”。

作为美国的老牌院线经营商，AMC不少影院已有二三十年的历史，设施已经老化。但按照AMC的改造经验，经过设备设施提升改造后，影院平均收入有望增加15%。因此王健林自信地认为，尽管AMC短期内还会亏损，但以后将会取得盈利。

这是颇让人鼓舞的消息，但未必一定就会转化为事实。

毕竟，王健林自己也清楚，院线是一个低利润的行业。虽然在中国，随着文化产业的繁荣，影院正处于一个新的发展阶段，但在美国，院线其实已是一个夕阳产业，这也是其他公司不愿接受AMC的原因。万达能成功吗？

更何况，跨国经营，尤其是在美国经营文化企业，更面临可能的文化冲突。上汽集团并购韩国双龙，最后在经营不善、员工罢工的多重压力下，40亿元的投资几乎全部打了水漂。掏钱并购很简单，但经营盈利则是老大难，最后难以为继只能血本无归。这样的事例绝不鲜见。

当然，类似的并购成功案例在不少国家都曾出现。但中国企业的身份，尤其是在相对敏感的意识形态领域，交锋可能更加激烈。如果两种文化无法融合，正常运营就会遭遇危机。

万达海外并购被寄托了中国“软实力”提升的期望。但至少从短期看，这种期望确实也是渺茫的。因为中国的影片必须是通过质量方能得到美国观众的认可。当下中国市场的很多影片基本不符合美国观众的口味，如2013年火爆中国的《泰囧》，就在美国市场反响平平。

英国《卫报》对此评价说，中国输出的电影，还必须尊重当地的口味，AMC播出了《泰囧》，但该片“中国幽默色彩太浓，无法获得更广泛的影响力”。事实上，很多海外华人都不太热衷。而2010年姜文执导并主演的卖座大片《让子弹飞》，在美国也未能激起多少浪花，只收获了区区6.9万美元的票房。

在市场经济中，渠道很重要，但渠道再如何隆重推荐，如果产品本身得不到市场认同，那最后的结果就是赔钱赚吆喝了。真正的市场经营者应该是不会做赔本的买卖的。对万达，也不必作太多的期望，只要不亏钱，其实已是很好的结果。

中铝投资折戟蒙古国大漠

这种对中国企业的疑虑以及政策上的苛刻，已成为中国企业对蒙古国投资的最大风险。所以，也就难免有中铝折戟蒙古国大漠的事件发生。

从中国北部边境往北再走约40公里，是一处尘土飞扬的大型煤矿。这就是蒙古国南戈壁公司的核心资产敖包特陶勒盖煤矿。该公司分别在香港和加拿大多伦多上市。

对这处距中国最近的蒙古国煤矿资产，中国铝业公司觊觎已久。

2012年4月5日，中铝在香港的上市子公司中铝股份有限公司宣布，将以每股8.48加元（约65港元）的价格收购南戈壁公司不超过60%但不低于56%的股份，收购总金额约9.3亿美元，收购完成后，中铝将成为南戈壁公司唯一的控股股东。

对投资者来说，这无疑是一桩划算的买卖。8.48加元的收购价，较2012年3月30日南戈壁在多伦多和香港的收市价，分别溢价了28.1%和28.86%。

对中铝来说，这也是一次不错的交易。如收购成功，中铝除获得敖包特陶勒盖煤矿外，还可获得南戈壁公司另三座煤矿的开发项目，并获得蒙古国政府颁发的在其境内进行矿产勘探的许可。

相关数据显示，截至2011年底，南戈壁公司年度税前收入约5700万美元，资产净值7亿多美元。不过，在2010年度，南戈壁的税前亏损额约为1.19亿美元。

对于溢价收购，中铝表示，此举符合公司业务范围的扩展，中铝将成为一个煤炭行业的长期重要投资者，并将南戈壁作为发展煤炭行业的平台。

中铝并且承诺，收购完成后，将以当时市场价格购买南戈壁100%的煤炭产量。考虑到蒙古国基础设施薄弱、电力供应不足的情况，中铝将为南戈壁公司运营提供电力支持。

对这笔近10亿美元的大生意，英国《金融时报》曾这样评价：“这是迄今为止中国矿业公司在蒙古国最大一笔投资，中国试图开发利用邻国蒙古的庞大资源。”

从最初的迹象看，交易完成应不是难事。因为南戈壁公司主要资产就位于中蒙边境，产品除了输往中国，也没有其他合适的对象。此外，股权转让将在加拿大进行，因为中铝拟购买的，其实是加拿大艾文霍矿业公司持有的南戈壁公司57.6%的股份。加拿大公司对这宗交易早已同意。还有另一有利条件，中国主权财富基金——中投公司还持有南戈壁公司13.7%的股份，并拥有对艾文霍矿业公司所持股份的优先购买权。显然，中投不可能反对中铝的并购。

如果在以往，这样的交易似乎也不需要蒙古国政府批准。《金融时报》在当时的一篇分析文章中就颇为自信地说：“这次交易不大可能引起伴随塔旺陶勒盖等蒙古大型国有煤矿的发展而产生的那种国家主义争论。”

但普遍认为是一帆风顺的事情，往往总会平地起波澜。

2012年4月16日，蒙古国矿产资源局在乌兰巴托召开新闻发布会，宣布暂停南戈壁公司拥有许可证的若干勘探及开采活动。

蒙古国政府此举显然与中铝的收购计划有关，法新社当时的一篇报道就这样直言不讳地说，“蒙古国一些政界人士担心，中铝通过收购可能操控蒙古矿产”。

第二天，作为上市公司的南戈壁公司发表公告。公告说，暂停业务是蒙古政府基于国家安全的举动，目的就是核查有关中铝的收购事项。而公司此前未向蒙古政府进行过咨询。

▲俯瞰蒙古国南戈壁地区，下面蕴藏着丰富的矿产资源

政府出面干涉，手段果决而毒辣。受此消息影响，17日，南戈壁港股股价暴跌了约10%。

蒙古国政府的介入和反对，让收购事宜随即变得复杂化，也让中铝一度进退维谷。

由于收购事项迟迟无法取得推进，按照证券交易所的要求，7月3日，中铝宣布延期发布相关收购要约；8月，中铝再度表示，公司决定再次延期要约收购，因为它们需要更多时间，“与蒙古国政府进行接触，并评估这项交易的条款和条件”。

但显然接触的结果并不理想，南戈壁公司首席执行官亚历克斯·莫利纽克斯在接受路透社采访时就说，按照他的判断，中铝应该不会继续收购了，“摆在我们面前的政局似乎表明，这项交易继续下去的可能性非常小。目前可以百分之百地确定，是蒙古国方面令这项交易变得不可能达成。”

果然，9月4日，中铝对外发表声明说，鉴于收购计划获得批准的可能性很小，因此最终放弃这一交易。

从表面上看，中铝收购南戈壁公司，卡壳就卡在了2012年5月蒙古国批准的一项外商投资法。

根据这项法律，外商在煤矿等战略性行业的持股比例一般不得超过49%，如果比例超过49%，且投资额超过1000亿图格里克（约7500万美元），则需经蒙古国议会批准。

尽管中铝最初提出并购是在4月份，但也必须遵守新的蒙古国法律，这就增加了诸多的不确定性。

蒙古国为什么要出台这样的法律？原因不外乎有二，一是不断高涨的资源民族保护主义，二是对中国的投资和影响保持高度警惕。

对中国的冷淡态度，几乎所有外媒都注意到了。美联社曾在一篇报道中这样说："在全世界利用中国发财致富的热潮中，蒙古国下大力气确保中国投资不要变成中国主宰。"

2012年春，蒙古国开工修建了一条向中国输送煤炭的铁路。但对这条铁路，蒙古国政府设了一个先决条件，即以国家安全为由，规定铁路的两轨间距是1520毫米，即只能是苏联式的宽轨，而中国适用的是窄轨。这样，到了边境，火车要么得换底盘，要么煤炭必须转移到卡车上。

这种做法，其实极大地增加了蒙古国煤炭的出口成本。须知，蒙古国90%的矿产资源，出口地都是中国。

此举反映的就是蒙古国人对中国的疑虑，从某种程度上，也迎合了部分蒙古国人的自大和狭隘。

与这种思潮相呼应，自2005年以来，蒙古国多次发生排华或辱华事件。日本《朝日新闻》就曾引述乌兰巴托一中餐馆华裔女老板的话说，部分蒙古国人对中国很反感，"我想立块中文招牌，但被蒙古国政府禁止。"

作为国家政策，蒙古国还规定任何一个外国的移民，都不得超过本国人口的一个百分点的1/3，即不超过1万人，同时对外国工人的人数加以限制。美联社引述蒙古国政界人士的话说，"这些政策是不点名地针对中国"。

美联社的文章还这样写道：与日本和印度等中国邻国不同，在

▲正在开采的南戈壁矿场

蒙古国没有中国城。被蒙古国繁荣的矿业吸引来的数万中国工人极少露面，他们都生活在广袤戈壁中用围栏隔开的采矿场里，或者首都乌兰巴托高墙后的建筑工地上。他们被告知不要上街，以免被小流氓殴打。屈指可数的几家中餐馆打出的广告是“亚洲”菜肴，而非中餐。

文章还说，考虑到中国是蒙古国最大的贸易伙伴和投资来源地，“中国的影响在其他任何地方都不像在蒙古国这么强，但看起来却那么弱。即便在朝鲜，中国的筑路队也在施工现场挂起有汉字的横幅”。

这种对中国企业的疑虑以及政策上的苛刻，已成为中国企业对蒙古国投资的最大风险。所以，也就难免有中铝折戟蒙古国大漠的事件发生。

在蒙古国感受到这一点的，除了中铝外，还有中国另一矿业巨头——神华集团。

神华瞄准的是蒙古国塔本陶勒盖煤矿。该矿被认为是当今世界最大的未开采煤矿，原煤储藏面积达400平方公里，煤层厚度190米，共16层，该煤矿属优质炼焦用煤，原煤出焦率60%以上。初步探明的焦煤储量约为64亿吨，其中主焦煤18亿吨，动力煤46亿吨，价值高达3000多亿美元。

2011年7月，在多年的谈判之后，蒙古国政府终于宣布，由中国神华集团与日本三井物产组建的财团、美国博地能源和由俄罗斯铁路公司牵头的俄罗斯—蒙古国财团将获得塔本陶勒盖煤矿最大的Tashan区域的西区开采权。

Tashan区域是塔本陶勒盖煤矿最值钱的部分，又分为东区和西区，东区由蒙古国政府控股开发，西区则对外招标。按照蒙古国最终的决定，在这个开发财团中，神华集团获得了该项目40%的股权，成为最大股东。美国博地能源公司获得该项目24%的股权，剩余36%的股权由俄罗斯和蒙古国共同成立的一家财团持有。

美国、俄罗斯、日本、中国四大国都有所斩获，中国神华被认为是最大赢家。但神华还没来得及高兴，闹心事就来了。

在这次招标中，除了上述几家公司外，巴西淡水河谷、瑞士斯特拉塔、欧洲钢铁巨头安赛乐米塔尔、韩国浦项钢铁等巨头也都加入了争夺。未中标企业随即对招标结果提出异议，认为有失公允；蒙古国内也是非议纷纷，中国企业夺标更让一些政客找到抨击的目标。

两个月后，蒙古国总统额勒贝格道尔吉宣布，他"无法支持"这一中标结果，这意味着方案将进行重审。

截至2013年年终，新的结果仍未公布。即使神华仍如愿中标，期间的一波三折，也预示着前途必定崎岖坎坷。

而对神华集团来说，这样的结果可能是灾难性的。

据媒体披露，为拿下塔本陶勒盖煤矿，神华集团前后为基础设施投资总额已超过200亿元。

其中，获得监管部门批复后，神华集团在2011年3月动工建设了甘泉铁路，旨在打造中蒙能源大通道，总投资估算约47亿元；此外，另一条配套铁路——西甘铁路也于2012年9月建成通车。

作为塔本陶勒盖项目配套设施，神华集团还在内蒙古开建了一个煤电焦化项目，项目规划达到年产1200万吨洗煤、480万吨焦化、48万吨甲醇和4.8万吨焦油的生产能力，总投资额100亿元。

如果神华最终在竞标中失利，这200亿元不会全部损失，但也有相当部分资金被浪费，这可是至少数十亿的钞票啊。

蒙古国资源民族主义的抬头，英澳矿业巨头力拓公司也有切身的体会。

蒙古国奥尤陶勒盖铜金矿被认为是世界上储藏量最大的铜金矿之一，初步探明铜储量为3110万吨、黄金储量为1328吨、白银储量为7600吨。加拿大艾芬豪矿业拥有该项目66%的股权，蒙古国政府拥有34%股权，而力拓公司则拥有艾芬豪49%的股份。

但在国内的压力下，蒙古国政府向力拓施压，要求将自己的股权由34%增加到50%，并按滚动费率收取权益金。由于力拓方面已对该项目投入巨资，更改股权则意味着将自己的权益拱手让出，故对蒙古国的主张强烈反对。蒙方的朝令夕改也加剧了外界对蒙古国投资环境的担心。

经过激烈的谈判，2011年10月，蒙古国政府、力拓公司以及艾芬豪矿业达成一致，维持原有的合作协议，如对条款进行修改，需三方达成共识。

按照原定计划，奥尤陶勒盖铜金矿将于 2013年上半年投产，平均年产铜45万吨，黄金33万盎司，由此，蒙古国将跻身于世界前10大产铜国之列。

但到2013年上半年，第一批铜精矿虽已生产完毕，但力拓方面表示，这些矿藏出口受阻，大量的货只能积压在蒙古国，而无法送到已签署订单的中国客户手中。

中铝的遭遇，神华的麻烦，都清楚地说明：中国企业在蒙古国投资接连遇阻，很多是政策上的，根源是蒙古国一些政客对中国的疑虑。

作为对应措施，既需要中国企业坦诚以对，遵守蒙古国法律，切实让蒙古国民众认识到，中企来投资不光是为赚钱，也利于促进他们的经济发展和生活水平的提高。毕竟，蒙古国虽然资源丰富，但贫富悬殊、基础设施落后、失业率畸高，迫切需要外来投资，促进当地经济发展。

而且，在中蒙经贸往来中，中国显然掌握着主动。蒙古国对中国的出口占到其出口总额的90%，从中国的进口也占到其进口总额的30%。

显然，在一些合作项目中，中国政府应当而且能够采取适当手段介入，一是通过高层交往，敦促蒙古国政府公平对待中国企业投资，尤其不能采取歧视性的政策，并保护中企员工的安全；二则通过文化教育等多种途径，向蒙古国展示一个真实的中国，中蒙合作是互利双赢，不是为了并吞蒙古国。

在一些具体违约的项目上，相关企业则需要据理力争，给违约者以应有的教训，不能总吃哑巴亏。

中铝除了在并购南戈壁项目上折戟外，还面临蒙方撕毁煤炭供应合约的挑战。

2011年，中铝和蒙古国矿业巨头珍宝TT公司（Erdenes Tavan Tolgoi LLC）签订合约，中铝向TT项目提供3.5亿美元贷款，后者以70美元每吨的煤炭偿还债务。

随着2012年蒙古国组建新政府，珍宝TT公司领导层也进行了换血。新领导层认为，当初签订的合同对该公司不利，要求双方重新谈判，谈判的核心条件是蒙方必须以更高的价格出售煤炭。

谈判僵持不下，蒙方辣手以对。2013年1月11日，珍宝TT切断了对中铝的煤炭供应，理由是公司遇到资金困境，无力支付煤炭仓储费用。尽管中铝方面反复表示，它们愿意帮助珍宝TT渡过难关，甚至考虑暂时性代付珍宝TT的仓储费用。

但珍宝TT方面的最终目的是更改合同，谈判由此无法实现突破。这种对契约的公然违背，显现了蒙古国资源投资环境的恶劣。如何博弈，考验着中铝；其中的教训，也是其他中企进军蒙古国的启示。

西洋集团
朝鲜投资疑云

按照西洋集团的说法，朝鲜方面突然翻脸，实则是一个连环套，先以优厚条件拉来投资，一旦掌握核心技术后，则驱逐外方独霸成果。

“不是西洋集团太傻，而是朝鲜方的骗术太高明。”

2012年8月，东北最大的民营企业——辽宁西洋集团，在一篇长达6000字的博文中发出如此控诉。

控诉的焦点，就是该集团在朝鲜拿下的铁矿项目。根据西洋集团的介绍，这是中国对朝鲜投资最大的项目，“从2007年开始到2011年9月经过了4年多时间，总计投入人民币2.4亿元（3000多万欧元），建成现代采矿场，年生产50万吨铁精粉的选矿厂，同时建成配套设施齐全的朝鲜员工住房210栋等”。

主导这一项目的是辽宁首富、西洋集团董事长周福仁，他的合作方是朝鲜岭峰联合会社法人李成奎。

两人一度关系亲密，称兄道弟。但反目之后，西洋集团对李成奎也不吝指责。西洋集团对李成奎充满愤怒，认为正是此人，让该集团在朝鲜投资受骗，损失惨重。

时光回溯至2007年，西洋集团董事长周福仁赴朝鲜考察后，觉得朝鲜存在极大的商机，于是与朝鲜岭峰联合会社合资设立“洋峰合营会社”。该海外企业注册资本为128万美元，投资总额为3805万美元，其中中方以设备、技术出资2854万美元，占75%；朝方以土地、矿权出资951万美元，占25%。经营期限为50年。

根据西洋集团提供的资料，2007年3月，中国商务部批准了该投资协议，8个月后，朝鲜政府贸易省也对该项目予以正式批复。

西洋集团项目“负责人”向媒体透露，瓮津铁矿是朝鲜一直没有开发的储量巨大的铁矿，总储量有17亿多吨，是低品位的贫矿，平均含铁量只有14%左右。经过技术改造，首次开采时，即生产出铁含量超过67%的优质铁精粉。

据媒体报道，2011年4月25日，年产50万吨铁精粉选矿厂开始投入生产。西洋集团将150名技术工人派往朝鲜，与这150名中国工人一起工作的还有500名朝鲜员工。“我们手把手教这些朝鲜工人技术，三个月后他们也掌握了铁精粉生产技术。”

但是，“从这之后，一切都开始变化了”。

可以说，蜜月期过后，双方裂痕凸显。2011年9月6日，朝方突然要求修改16个合同项目，并“单方面”撕毁合同。

“他们要求西洋集团支付产品销售额的4%—10%，土地租赁费改为每平方米1欧元，工业用水费为每吨海水0.14欧元，而这些要求合同内都未曾提过。”周福仁当场即表态，无法理解“所谓的16条”。

双方关系破裂的高潮，则是2012年3月2日。当日凌晨2点，按照西洋集团的说法，正在熟睡的10名该集团驻朝鲜员工被突然“造访”的一群人吵醒。岭峰会社副局长金华龙带着20名警察和保安人员将他们强行集中后宣布：“你们必须马上离开！”

随后，这10名西洋集团留守员工被押上大巴车，从津瓮现场直接押运到新义州遣返中国。西洋集团高管说：“之前是有些预兆的，三天前就已被断水断电，住房玻璃也被砸碎了。”

在6000字的博文最后，西洋集团感叹：在朝鲜的投资，“简直就像做了一场噩梦”。西洋投了3000多万欧元、花费了4年多的时间，在朝鲜建成了现代化选矿厂，最后在一夜之间付诸东流。

按照西洋集团的说法，朝鲜方面突然翻脸，实则是一个连环套，先以优厚条件拉来投资，一旦掌握核心技术后，则驱逐外方独霸成果。

在西洋集团的博文中，列举了合作方的四大骗局。

欺骗之一：股份问题。2006年双方在谈合作股份的时侯，西洋集团提出要占总股份的75%，李成奎表示同意，但实际上朝鲜对资源类合营企业股权有限定条件，即朝方所占股份最低不能低于30%。

欺骗之二：销售问题。西洋集团试生产了3万吨铁精粉，但直到双方关系破裂，西洋集团方得知，试生产的铁精粉不能销售，这给西洋集团带来了重大的经济损失。

欺骗之三：报批问题。根据签订的合同，朝鲜方面的协调问题由李成奎方全权办理。2009年10月10日在平壤签署的协议书第4条中明确写道："尾矿沉淀池……由岭峰向国家审批……"但直到2011年9月6日双方的会谈后，西洋集团方知道，朝方既没有向国家报批，也没有设计和施工，更谈不上审批，"他的目的就是不让西洋在朝鲜继续生产，赶走西洋"。

欺骗之四：待遇问题。2008年末朝鲜政府调整对外投资政策，资源类投资项目由原来的鼓励类变成了限制类，资源税提高到了25%，根据企业的成本核算，如继续投资，毫无利润可图。

西洋集团说，经过1年的实际操作，才知道朝鲜投资环境的恶劣，供电、供水、交通道路、通信设备都没有，再加上朝鲜的封闭政策，使很多极其简单的问题在朝鲜就变成了不可逾越的大难题。

该集团举了两个例子说明：

例子一：西洋集团派驻朝鲜的员工需要买菜做饭，但在朝鲜情况则有些特殊，因为朝鲜政府规定，外国人是不能去自由菜市场的。最后，经过中方多次申请，通过朝鲜领导人批准，前提是有朝方两人陪同并在朝方安全部门办理好路条的情况下才能去距离工地60公里以外的菜市场。按照西洋集团的说法，经常发生找不到两名朝方陪同人员的情况，因此西洋集团员工就无法外出购物，这“严重影响合营会社正常工作”。

例子二：按照朝方的规定，中国员工活动区域限定在2平方公里范围。会社距离海边近在咫尺（只有500多米），但是，中国人下班以后想去海边散步，是被绝对禁止的。此外，还给中国人划定了行

▲新义州街头的艺术社

走路线，如：从合营会社到平壤距离200公里，即使有近路也不允许走，只能按照朝方陪同人员事先安排好的路线行走。

但相对而言，上面两个例子更多说明的是朝鲜国情的特殊性，与投资成败没有太大关系。西洋集团耿耿于怀的则是合作方的骗局，按照他们的梳理，除了上述四大欺骗外，整个欺骗过程又分为十个步骤。

第一步：朝方以丰厚的条件吸引西洋上当。所谓丰厚条件，主要指三个方面：1. 瓮津矿山铁矿资源丰富，储量大，并表示朝方矿权和土地只占总股份的25%；2. 朝鲜国家税收低，没有增值税和出口免关税，企业所得税仅为10%；3. 朝鲜劳动力廉价，每个工人30美元/月。

第二步：拉关系。每次西洋集团董事长周福仁访朝，李成奎都是“美女鲜花迎接”，“每次会谈都在平壤万寿台议事厅（相当于中国的人民大会堂）举行，安排朝鲜政府高官接待”。

第三步：向西洋集团隐瞒朝鲜国家投资方面的法规和法律，并频繁许愿，描绘美好合作前景。

第四步：以朝鲜国家政治节日为借口，如：金正日提出的100天战斗，为“4 · 15”太阳节、建党节献礼等，催促西洋集团快投资、多投资。

第五步：诱导西洋集团把试生产变为正式生产，生产出铁精粉3万多吨。

关键是后面两步，按照西洋集团的说法。

第六步：“李成奎见到了生产出来的铁精粉质量很好，而且经过三个月的生产，朝鲜工人在中国工人的指导下已经掌握了选矿技术，没有中国人也可以进行生产，更重要的是李成奎看到了洋峰合营会社可观的利润。”

第七步：“李成奎现在有了资本，撕下面罩露出阴谋家和骗子的真面目。李成奎就像换了一个人一样，失去以往的笑脸，态度十分蛮横和傲慢，用恶狼般的眼光看中国人。”

随后的一切都已无法挽回。

第八步：李成奎在没有通知西洋集团，也没有召开董事会的情况下，单方面强行吊销洋峰合营会社的企业创立证书。

第九步：朝方将西洋集团驻朝鲜留守人员断水、断电、断通信，限制人身自由，将西洋集团留守人员全部遣送回中国。

第十步：按照西洋集团的指控，李成奎单方面把3万吨铁粉全部卖掉。由此，掌握了整个生产流程的朝方，彻底甩开西洋集团，接管了整个生产线。

综观西洋集团的控诉，其中不乏过激之词。比如反复诘问：“这不是国际强盗行为吗！”另外，对李成奎更是毫不留情地抨击，甚至到了人身攻击的地步。

但这种事关重大投资的纠纷，一切都如西洋集团所说的吗？至少朝鲜官方就很不以为然。

对于西洋集团的指责，朝鲜官方通讯社朝中社2012年9月5日发表朝鲜对外经济投资协作委员会发言人的谈话，驳斥中国公司“投资朝鲜被骗”的指责，称西洋集团应对其和朝鲜公司的合同毁约负主要责任。

该发言人指出，西洋集团对毁约不是没有责任，而且从法律上

▲鸭绿江边远眺朝鲜

分析履行合同义务的情况看，西洋集团反而负有更致命的责任。自合同生效后近4年来，西洋集团以实物兑现自己的出资义务只有50%左右。因此，合同双方就一期投资完毕时间表和开工问题重新进行协商，但未达成协议。

至于西洋集团所称的朝鲜违背合同诸多问题，该发言人称，双方在合同中明确规定，根据《朝鲜民主主义人民共和国合营法》签订合同，因此从法律上来看，与之相应地履行合同是理所当然的义务。就销售样品货款的处理问题，西洋集团无视有关财政管理规定，执意提议单方面的处理方案，以图在中国境内解决自己的债务。

文章最后称，朝鲜在先军威力确保国家安全的条件下，一如既往地按照时代发展的要求和国际投资关系发展的规律，不断改善环境以进一步扩大和发展国际投资关系，保障愿意在互相尊重、平等互利、遵纪守法的原则上发展国际投资关系的所有投资者的合法权益。

朝鲜被认为是世界最封闭的国家，但其临近中国的地理优势、丰富的自然矿藏以及潜在的市场，确实让不少中国企业家心动。

2007年，韩国大韩商会公布的《朝鲜地下资源共同开发战略》报告曾披露：朝鲜菱镁矿储量达30亿至40亿吨，铁矿石储量高达2600万吨，可立即开采的铀达400万吨。

但商机归商机，也必须要重视风险。除了基础设施缺乏、各项物资短缺外，尤其要注意朝鲜的国家政策风险。

在朝鲜有赚了钱的中国人，但也不少两手空空的企业家，甚至有西洋集团这样的倒霉蛋。

比如万向集团。按照《瞭望东方周刊》的报道，该集团一度对投资朝鲜进退两难。2007年11月，万向与惠山青年铜矿共同组建合资企业——惠中矿业合营公司。他们开发的惠山青年铜矿是朝鲜最大的铜矿。

公开报道显示，在这家企业建立不久、尚未投产时，惠中矿业中方人员突然被迫撤回中国。分歧在于，万向集团投进来的所有资金，到底是应全部花在“生产”上，还是也可以用于购买运输车辆、建造员工宿舍等。

报道称，万向集团向惠中矿业的投资已远超当初对外公布的1.5亿元人民币。董事长鲁冠球欲打“长线牌”，继续等待朝鲜投资与经营环境好转，并无撤退迹象。

当然，也存在一些中国企业家的无良行为，让朝鲜方面很生气。“按我和朝鲜20年打交道的经历，你跟他讲朋友，他会好好跟你做；你骗他一次，他不会善罢甘休。因此不要贪小便宜。”浙江商人崔东元说。

这也就需要中国企业家必须从长远着眼，不要为了蝇头小利，毁了自己，也毁了中国企业和中国人的名声。

西洋集团最后败走朝鲜，除了该集团所声称的朝方欺骗外，没有遵守朝鲜法律亦是硬伤。可能，在西洋集团看来，搞定朝鲜上层人物，一切皆在囊中。这种战术在世界不少地方可能确实奏效，但也潜藏着诸多的风险。因为一旦对方较真，一切投入就可能付诸东流。

按照西洋集团的说法，该集团在投资朝鲜前，曾经仔细研究了朝鲜的《投资法》以及招商引资的各项法令、措施，并将所有可能出现的风险都一条条写进了合同，但是最后发现，合同仍只是一纸空文。

在一篇媒体报道中，西洋集团董事长周福仁颇为愤懑地说，朝鲜政策不透明，“找谁仲裁去？”

高铁——
中国制造走出去的急先锋

与一般的企业海外投资不同，高铁走出去，无一例外都是大单，涉及几十亿乃至几百亿美元，既是生意，也是政治。

高铁，中国的一张名片，也是世界对中国崛起的最直观感受。到2014年，中国高铁营运里程超过1.6万公里，长度超过了其他国家的总和。

风驰电掣的速度，纵横全国的线路，即使是很多西方人，坐上中国高铁也是感叹不已。《纽约时报》2013年曾在头版发表了一篇《高铁改变了中国》的报道。这篇发自长沙的文章，开头这样写道：

这个内部构造繁复的高铁站启用还不到四年。当时，周围几乎一片荒芜。

现在已大为改观。几乎每一班车票都会售罄，每隔几分钟就有一列列车开出，驶向全国各地。蛇形的购票队伍从售票处一直往后延伸，高达50英尺、钢结构的天花板像飘在出发层大厅上空的白云。一项野心勃勃的建设项目很快就要将这个拥有16个站台的车站规模翻一番。

中国高铁开通5年来，每个月的客流量几乎是国内航班的两倍。最近几年，客流量以每年28%的速度增长。按这个速度，到明年年初，中国高铁网络的客流量将超过美国国内航班每个月5400万人次的运量。

……

毫无疑问，高铁已经以意想不到的方式改变了中国。

例如，中国工人的生产效率得到提高。世界银行三名专家的一项研究表明，高铁网络已经连接起了中国100多个城市，生产力将大幅提升。公司发现自己通过几个小时的车程能接触到潜在的客户群、雇员和竞争对手，生产力自然会开始提升。

“我们能很清楚地看到许多公司经营方式的改变。”吉拉德·奥利弗（Gerald Ollivier）说。他是世界银行驻北京的高级交通顾问。

世界银行的专家们计算，高铁的经济效益包括节约旅行成本、降低噪音、降低车厢空调能耗和燃料能耗等，这些自然无须多言，但另一面，高铁使生产率得到提高，这也能带来经济效益。

让美国人惭愧的是，在中国高铁高歌猛进的时候，在曾经的“铁路第一大国”美国，却还没有一条高铁。从华盛顿经费城、纽约到波士顿的东部黄金线路，火车依然慢悠悠地行进，时不时中间还会没来由地停顿几十分钟。

美国总统奥巴马多次在演讲中表达了对中国高铁的羡慕。他说，从建设第一条铁路，到建设跨州高速公路系统，美国一直处在世界竞争的前沿，美国必须为21世纪的竞争奠定基础，让更多美国人获得新的就业岗位，“因为毫无道理中国可以有世界最快的火车，而宾夕法尼亚的农村却没有高速互联网接入服务。”

但八年任期结束，奥巴马也不可能看到美国高铁成形。或许，未来的一天，美国的高铁，还将是“中国制造”。这种雄心勃勃，以至于中国高铁，已成为升级版的“中国制造”的代名词，领导人出访行程中，高铁也成为推销的重要组成部分，中国领导人甚至在国际上赢得了高铁“超级推销员”的美誉。

作为一个具里程碑性质的突破，2015年10月16日，在印尼首都雅加达，中国铁路总公司董事长杨忠民和印尼国企联合体主席德维·维达尔托签署了印尼首条高铁修建协议，以中铁牵头的中国企业联合体，将负责修建印尼首都雅加达至第四大城市万隆的高铁。

▲北京南站待出发的中国高铁列车

雅万高铁全长150公里，最高设计时速300公里，预计2018年竣工，2019年初通车运营。这个55亿美元的协议，是中国高铁全方位走出去的第一大单，对开拓东南亚乃至整个国际市场，具有重要的示范效应。

这是企业的成功，同时也是国家整体实力竞争的结果。中铁公司表示，雅万高铁是国际上首个由政府搭台、两国企业合作建设的高铁项目，两国企业将在高铁勘察设计、工程施工、装备制造和运营管理等方面展开全方位合作。

在日趋激烈的国际市场高铁争逐战中，一揽子打包模式，应该是中国高铁走出去的一条有效的经验。

尽管中国高铁名声在外，但承揽国际项目，却也是道路坎坷。

2014年11月7日，墨西哥城，墨西哥总统恩里克·培尼亚·涅托突然宣布，取消11月3日刚由中国公司获得的墨西哥高铁投标。在中国股市，高铁概念股急速跳水，场景惨不忍睹。

就在几天前，高铁概念还是市场宠儿。根据项目规划，这条西半球的第一条高铁，将连接墨西哥首都墨西哥城和第三大城市克雷塔罗，全长210公里，设计时速300公里，单程运行时间58分钟，预计日均客运量2.7万人次，合同总金额43亿美元。

这无疑是一种多赢——中国公司获得了重大突破，取得高铁海外第一单；高铁将给墨西哥带来众多就业岗位，估计将提供2万个直接就业岗位和4.1万个间接就业岗位；并给墨西哥经济带来极大的增长动力，墨西哥总统涅托也可借此取得让人刮目相看的政绩。

当时新华社一篇稿件的第一句话就是："中国设计、中国施工、中国装备、中国标准——墨西哥首条高铁线路将由中国企业参与承建……这是中国高铁第一次真正实现'走出去'，预示着中国高铁整体实力正在获得世界认可。"

中标的是由中国铁建、中国南车两家中国公司与四家墨西哥企业构成的联合体，动车组、列车控制系统、通信技术、道岔等核心技术，都将采用中国高铁成套技术。"这意味着，从建设到装备直至技术标准，中国高铁将完成整体输出，墨西哥对中国高铁的信任可见一斑。"墨西哥财政部部长路易斯·比德加赖说，中国的投资将给墨西哥的就业带来"巨大可能性"。墨交通部部长则说，作为一个有近1.2亿人口的国家，墨西哥应该有一个巨大的铁路交通网。

但好消息没持续几天——3日公布投标结果，7日合同就成了废纸。信任突然变成了很不信任。

墨西哥学会了变脸游戏，原因何在?

据墨西哥官方说，撤销原合同是为了重启投标程序，因为在3日的招投标中，只有中国一家竞标，因此此举是为了“保证竞标的合法性，避免出现任何对透明度和合法性的质疑”。

高铁生变，其实与墨西哥国家政治生态有着莫大的关系。

当地媒体披露，墨西哥总统涅托的妻子安赫莉卡·里韦拉，在2012年总统大选前几个月购买了一栋价值400万美元的豪宅，卖家是政府项目承包商特亚建筑公司。特亚建筑公司的母公司伊加集团，则是与中铁建联合竞标高铁项目的墨西哥企业。反对党以“豪宅丑闻”为突破口，攻击总统胡作非为，捎带的，则是中国企业中标涉及腐败。

尽管日本三菱、法国阿尔斯通、加拿大庞巴迪和德国西门子等公司也对墨西哥高铁表示了极大兴趣，但最后这些公司以墨西哥交通部给出的三个月竞标期限太短为由，都退出了竞标。这又给反对党更多的口实。

另外，在很多国家，征地、环保都是极富争议的话题，墨西哥高铁穿越一些人口稠密地区，这就牵涉到征地拆迁的棘手问题；环保问题也不容忽视，加之工程耗资巨大，在墨西哥争议颇多，国内民众的反对声音亦不容小觑。

尽管2015年8月，墨西哥公共管理部部长维尔吉利奥·安德拉德公布调查结果，认为“豪宅丑闻”子虚乌有，最关键的原因是两人购房时都还没有在政府内任职。但在当时，为避免政治风波发酵，墨西哥总统涅托快刀斩乱麻，决定取消高铁合同。

墨西哥政府虽一度表示，该高铁项目将尽快重新招标，但2015年1月30日，墨政府又宣布，为减少2015年的公共开支，弥补油价下跌的损失，决定“无限期搁置”这条高铁项目。围绕着高铁的政治博弈，也使得高铁成了墨政坛的一个敏感词，在执政党和反对党势均力敌的情况下，墨西哥高铁短时间内不大可能出现突破性进展。

这其实也是高铁等重大项目的敏感之处。中国商务部合作司商务参赞周振成就以墨西哥高铁的变脸为例表示，在境外，尤其是高铁和铁路这种项目，非常容易受到所在国政局变化、经济政策和法律调整的影响。

政治斗争致使参与项目的中企“躺枪”，在墨西哥已不止一次发生。2015年1月，墨西哥环保部门就以环保等理由，叫停了加勒比海旅游胜地坎昆的“坎昆龙城”中资商城建设项目。

墨西哥政府撕毁合同，中国企业则蒙受巨额损失。根据媒体报道，此前为争取中标，中铁建组成了400人的标书制作团队，一天24小时连轴转才赶出了标书，在墨西哥城的前方团队，经常就睡在办公室的地上。最后拿出来的标书装了8个箱子，总重2.1吨。墨方非常满意，给打了94.4分（满分100）的高分。而按照项目投标成本占项目金额0.5%计算，预估上亿元人民币打了水漂。

2015年5月，墨西哥交通部副部长尤里里亚·马斯科特·佩雷斯说，将因取消高铁中标赔偿中国企业。但他没有公开具体赔偿金额。赔偿能否到位，是一个未知数。

中国高铁出师不利，不仅仅只在墨西哥。

在临近中国的东南亚地区，按理说是最欢迎中国高铁的市场——

从中国的发展经验看，高铁对当地基础设施的改善、对经济发展的拉动、对就业岗位的增加，都是莫大的好事；而且，中国与东南亚山水相连，采用中国高铁，以后可以和中国庞大的高铁网连成一体，更有利于东亚经济的整合和发展。

但中国高铁也有强劲的对手，那就是已提前在东南亚布局的日本新干线。

世界上第一条高铁就是日本的新干线，在1964年即投入运行，当时营运速度每小时271公里，营运最高时速300公里。半个多世纪以来的稳定运行，使新干线赢得了安全、高速、准时的国际美誉。

日本在东南亚经济中较为领先的泰国取得突破，2015年5月27日，日泰两国政府签署联合调查备忘录，就泰国规划中的高速铁路项目达成协议，双方将引进日本新干线技术为前提，联合开展业务调查工作。

拟建的这条高铁，连接泰国首都曼谷和北部重镇清迈，全长670公里，沿途有很多旅游景点，预计总投资120亿美元。

新干线的突破，对中国高铁来说，无疑就是挫折。其实早在2013年10月，中泰即就高铁项目达成过初步协议，“高铁换大米”更成为广为流传的形象说法。但泰国随后发生政变，英拉政府下台，大米补贴问题更成为英拉政府的一个污点。

尽管在双方领导人的努力下，中泰铁路合作仍在推进中。泰国仍属意由中国承建从泰国北部边境的廊开府至首都曼谷的铁路，但该段铁路时速从原先拟定的250公里降低为180公里。实际上，这条铁路已从高铁“降格”为一般性铁路。

将两条铁路分别让中国和日本企业来中标，这是泰国在中日两大国之间的平衡游戏。中国是泰国最大的出口国和旅游客源国不假；但日本也是泰国最大的外商投资来源国，占到了泰国外来投资的60%。

泰国的平衡外交，或许也可以理解，但这却意味着日本在泰国的高铁争夺战中占据了先机。

当然，在一些国家受挫的同时，中国高铁凭借着可靠的质量、雄厚的资金以及企业和国家的共同努力，在世界不少地方也不断传来好消息。

2015年6月18日，中铁二院与俄罗斯企业组成的联合体，就中标的莫斯科—喀山高铁项目的勘察设计部分与俄罗斯铁路公司正式签约。这意味着这将是中国高铁走出去的“第一单”。

但必须要看到，尽管俄罗斯修建高铁有其必要性，但作为一个高投入项目，俄人口的低密度，对未来运营将是一个极大的考验；而且，俄罗斯高铁必然是宽轨，这与中国高铁的国际标准轨是两个体系，这意味着中国技术需要一系列的改造。

另外，在美国，洛杉矶到拉斯维加斯，洛杉矶到旧金山的高铁，都在拟议评估中。中国高铁企业已成为重要的竞标者，拥有极大的竞争优势。不排除未来这些高铁由中国企业承建的可能性。但考虑到美国政客对中国企业的一贯表现，不到最后合同签字，变数依然存在。

东南亚最大经济体的印尼，则成为中国高铁的一个重要战场。但在这里，日本早已势在必得。

早在2011年，日方即开始跟踪雅万高铁项目，先后做了3次可行性研究报告，但印尼政府始终不置可否。从印尼的角度看，这种拖延政策也有其道理，高铁毕竟耗资巨大，盈利前景难测，这是一笔巨大且有风险的投资，印尼希望看到更优惠的条件。

印尼人终于盼来了中国竞争者。2015年3月，中国高铁开始强势介入印尼市场，在政府高层的推动下，中国和印尼有关部门与企业随后分别签署了关于就雅万高铁开展合作的谅解备忘录和框架安排。中日之间的竞争趋于白热化。

日本感受到了压力，随即加大对印尼的游说力度。中国驻印尼大使谢锋透露，仅在2015年，到印尼最终选择中标对象前，日本政府先后4次派出特使，前往印尼陈情游说，日本政府和企业则不断优化可行性研究报告，不遗余力争夺。7月上旬，日本特使访问印尼期间，提交了优化后的新方案，在贷款利率、配套措施等方面提出了更加优惠的条件。

道高一尺，魔高一丈。8月10日，国家发改委徐绍史主任也作为中国特使，专程前往印尼，向印尼总统佐科面呈中方可行性研究报告，宣介中方方案的主要内容、突出优势和建设目标，积极回应印尼方面重点关切的问题，表达中方与印尼方合作把雅万高铁建设成两国务实合作标志性项目的诚意与信心。谢锋表示，从公平竞争计，中方明确要求印尼方面正式关闭可行性研究报告后，再对双方方案进行评审。

面对中日的竞争，印尼既欣喜又担忧。欣喜的是鹬蚌相争、渔翁得利，中日两国的竞争，让印尼可以获得更优惠的条件；担忧的是一方获得合同，另一方则势必出局，中日都是大国，都是印尼重要的贸易伙伴，哪一方印尼都不想得罪。

面对印尼政府的“选美比赛”，8月26日，日本再次派遣特使前

▲2015年8月，印尼雅加达展出的中国高铁列车模型

往雅加达，推出了经过调整、优化的新方案，新方案降低了要求为贷款提供主权担保的比例，并提出日本会和印尼加强两国海洋合作，包括帮助印尼发展东部欠发达地区等一系列配套优惠条件。

身为中国驻印尼大使的谢锋，则在8月28日和31日密集拜会相关部门，推介中国高铁的高性能和中国方案的可行性。

竞争之下，暗流涌动。在最白热化的阶段，突然有印尼媒体集中炒作中国产品质量、高铁安全以及所谓中国劳工“入侵印尼”等敏感问题。针对这些负面舆论，中国企业和官方也迅速采取应对措施，如在雅加达商业中心举办高铁展，通过模型、图片、视频、演讲和接受采访，向印尼民众深入细致介绍中国高铁的技术经验、安全性能以及中方方案的综合优势；此外，中方还先后邀请3批印尼记者，前往中国亲身体验中国高铁的舒适与安全。

中日的激烈竞争，让印尼政府感受到了极大的压力。就在印尼政府已决定与日本（或者已决定与中国）签约的相关传闻满天飞之际，2015年9月4日，一个出人意料的消息宣布了：印尼政府宣布同时退回中日方案，但是欢迎两国提交新方案。

之所以这么做，印尼方面的解释是：雅万铁路拟不使用国家预算、政府不提供担保，明确将采用企业对企业商业合作（B-B）模式；并且，为压缩成本，拟将铁路速度由时速300公里，压低到200-250公里，即由高铁降为中速铁路。

这种突然撤标的做法，让外界尤其是日本舆论哗然。日本官房长官菅义伟表示："我们确信日方提出了具有可行性的最佳方案。"他呼吁印尼公平竞标，并指出印尼让高铁降格为中速铁路的"突然改变令人费解"。

如果说在高铁竞争领域，日本还有与中国一争高下的能力；如果降格到中速铁路，举凡世界，中国铁路技术和经验都没有竞争对手。但对于印尼突然的决定，中国方面显然也颇为失望，但并没有自乱阵脚，而是提出了新的建设方案。

根据新方案：雅万铁路造价75万亿印尼盾（约55亿美元），建设周期为3年，2019年前通车。其中60%的投资来自印尼方面，40%由中国铁路总公司承担。中国的国家开发银行和工商银行等可以直接提供全额贷款，利率为2%，不需要印尼主权信用担保。

日本的方案还是造价85万亿印尼盾（约62亿美元），建设周期为5年，2016年兴建，2021年完工。其中75%的投资来自日本铁路公司，25%的投资由印尼政府承担。日本银行可为75%的资金提供0.1%

低息贷款，期限为40年，但需要印尼主权信用担保。

从方案的大致对比可以看出，外界认为中国以低成本来打动印尼，其实是错误的；中国方案最大的优势，一是速度快，可以3年建成，让政府迅速看到政绩；二是优厚的融资条件，而且不需要印尼主权信用担保。

按照谢锋的说法，中方清楚印尼发展基础设施的需求很大，愿望迫切，但目前阶段预算相对不足。根据印尼的发展规划，未来5年印尼需要投入近4000亿美元用于发展基础设施，但印尼财政每年可支出的只有200多亿美元。因此，“我们理解和尊重印尼方不提供政府预算和主权担保的要求，决定以合资公司模式建设和运营高铁，这是为印尼量身定做的”。

这种一揽子服务，自然使天平向中方倾斜。2015年9月29日，印尼国家发展规划部部长索菲安前往东京，向日方表示，印尼拟“欢迎中国的提案”。据日本共同社9月29日报道，索菲安解释称：“我们一度认为有必要对日中双方的方案重新加以研究。但中国方面提出了新的方案，能在无须印尼政府财政负担及债务担保的情况下开展建设。”

可以想见日本方面的无奈和不满。日本官房长官菅义伟认为，雅万高铁建设工程3年之内竣工，项目中包括征地、开通隧道等，无论是从经济性还是可行性上都存在巨大困难，3年的工期是不可能完成的。关于“既然不可能做到，为什么中国还提出这样的方案”的质问，菅义伟表示，“本人也不清楚，但那是印尼和中国应该考虑的问题”。

对于日本必须要求印尼提供国家担保一事，菅义伟还表示，新干线的经费必须要求所在国家地区以政府的名义为项目贷款提供担保，如此重大的项目，印尼政府竟然不提供担保。因此，日本方面落标并非是“大意失算”，而且是印尼完全无视国际规则，日本政府已经向印尼提出严重抗议。

但中国真的就是不计后果拿项目吗？

中国驻印尼大使谢锋在接受媒体采访时，则认为情况不是这样的：

中方最终能够胜出，是从政府、企业到相关经办人员，同心协力的结果，他总结为三点因素：

“第一，战略对接的重要推动力。过去不到一年时间里，习近平主席和佐科总统3次来、往访，两次通话，贯穿始终的主题就是对接中方‘21世纪海上丝绸之路’倡议和配合印尼‘全球海洋支点’战略，深化和拓展各领域务实合作。两国元首还亲自见证中国发改委与印尼国企部、中国中铁总公司和印尼国有建筑公司等签署雅万高铁合作谅解备忘录和框架安排。借着这股‘东风’，双方有关部门和企业积极跟进，通力配合，促成了雅万高铁这一标志性战略项目。

第二，中国高铁的强大硬实力。我们拥有世界上规模最大、速度最快、现代化程度最高、管理经验最丰富的高铁网络，已建成运营近1.7万公里，占全球的55%。时速300公里高铁线路长达9600公里，占全球的60%。年运送人次高达9.1亿，占全球高铁年运送旅客人次的55%。中国具有在多种地形地貌和气候条件下建设运营高铁的丰富经验，包括建成世界最南端、与雅万高铁在气候和地质条件上非常相似的海南高铁。中国的高铁建设能力强大，建设速度全球领先，京沪高铁全长1300多公里，仅用3年多即建成运营。

特别要指出的是，中国高铁符合国际标准化组织、国际电工委员会、国际铁路联盟的技术标准，并与阿尔斯通、西门子和庞巴迪技术标准兼容。印尼采用中国技术还意味着今后印尼的高铁市场仍将是开放的。而有些国家的技术与世界其他标准不兼容，一旦采用，将造成市场封闭和垄断。哪个更符合印尼利益，印尼朋友自会作出正确判断。

第三，中国很有诚意。我们视印尼为好邻居、好伙伴、好朋友，自始至终坚持合作共赢的理念和共商、共建、共享的丝路精神。中方理解印尼的实际需求，尊重印尼方面提出的不使用政府预算、不提供主权担保的决定，同意与印尼在友好协商、平等互利基础上进行合资修建，印尼占股60%，中方占股40%，双方作为雅万高铁的共同业主，是名副其实的利益共同体和命运共同体。中国坚持义利并举、以义为先，承诺向印尼转移高铁技术，进行本地化生产，帮助印尼培训高铁管理和运营人才，在推动中国高铁走出去的同时，将中国高铁技术与经验带到印尼，与印尼人民分享中国高铁的发展成就。这种诚意让印尼方感动。”

日本必须要求印尼政府出具担保，中国却大胆拍板，会不会是一次赔本赚吆喝的买卖？

至少在中国方面看来，答案应是否定的。因为中国从自身高铁建设中，看到了雅万高铁的商业前景。

雅万高铁，连接的是印尼最大城市雅加达和第四大城市万隆，这两个地方也是印尼经济最发达地区，总人口超过1200万，中等收入家庭数量可观。印尼虽为“千岛之国”，但人口最密集的就是雅加达和万隆所在的爪哇岛，人口1.6亿，根据印尼万隆工学院预测，雅万高铁项目，初期客流日均约4.4万人次。如果以平均票价20万印尼盾（约100元人民币）计算，全年车票收入可达3.4万亿印尼盾（约2.5亿美元）。此后随着客流不断增加，运营情况会更好。

在谢锋看来，雅万高铁，其实与北京和天津间的高铁类似，建成6年后即可实现盈利，因此不存在亏损的问题。

对这条线路，中国方面也作了深入的评估：雅万高铁具有明显的经济拉动效应，将带动沿线地区冶炼、制造、基建、电力、电子、服务、物流等配套产业发展，创造就业，增加税收。初步估算，高铁建设将为印尼每年创造4万个就业岗位，高铁沿线车站及周边地区将得到进一步开发，一条雅万经济走廊有望形成。雅万高铁还将有力推动旅游业发展，吸引更多游客到访万隆，试乘、体验印尼乃至东南亚首条真正的高铁。

谢锋说，按照中方企业的评估，雅万高铁是近年来中国铁路“走出去”最具经济可行性的线路之一。

从中国的经验看，2003年中国开始大规模建设高铁时，人均GDP仅略超过1000美元，但到2014年则已达到7500美元。十多年来，高铁不仅极大便利了人们的出行，而且成为中国经济高速发展的助推器，助力中国从世界第六大经济体成长为第二大经济体。今天印尼的人均GDP已达到3531美元，远超2003年的中国，完全具备建设高铁的经济条件，具有良好发展前景。

至于日本质疑的3年项目完工，从理论到实践上完全是可能的。因为全长1318公里的京沪高铁，中国实际用了2年7个月即完成项目施工，3年2个月即正式对外运营。这就是被外界赞誉的中国高铁速度。

印尼虽然与中国国情不同，但只要同力协作、努力推进，时间上完全是可能的。

最终，中国拿下了雅万铁路，日本则在付出了1500万美元的前期调研费用后折戟而归。印尼雅万高铁，事实上成了全“中国制造”——它将全面采用中国标准、中国技术、中国装备，中方将参与勘察、设计、建设、运营、管理全过程，这意味着印尼接下来的高铁项目，为了降低成本、统一规格，很可能继续采用中国的高铁。

印尼作为东南亚第一大国，将对中国高铁在泰国、在马来西亚、在印度等地的竞逐带来积极的影响，起到良好的示范性效应。这对亚洲互联互通、“一带一路”构想都是一个极大的促进。

一靠中国高铁技术过硬、名声在外；二靠政府各部门全力以赴，领导人亲自公关；三靠中国充裕的外汇储备，提供较优惠的融资合同，这是中国企业中标雅万高铁的成功经验，也可能是中国高铁拓展海外市场的成功模式。对当事国来说，这种优厚条件，既减轻了财政负担，也获得了经济增长的新动力；对中国而言，既为中国高铁企业获得了大单，也为中国过剩的钢铁、制造产能开辟了新市场，同时会密切两国的经贸联系。

与一般的企业海外投资不同，高铁走出去，无一例外都是大单，涉及几十亿乃至几百亿美元，既是生意，也是政治。

当然，印尼毕竟不是中国，风俗不同、国情有异，少赚可以理解，亏钱很不应该。中国企业必须吸取以往海外投资的种种教训，确保项目及时完工，第一单，理应是满堂彩；千万千万，不要成了负面典型！

中投兵败华尔街

自金融危机爆发以来，中美高层，一直保持着密切的联系。在2008年的北京奥运会期间，陪同美国总统布什观看奥运会的保尔森，就在“两房”问题上和中方保持了密集的磋商。

在中国乃至世界投资界，中国投资有限责任公司（以下简称“中投”）是一个响当当的角色。作为国家级的投资机构，中投成立于2007年9月29日，中国财政部通过发行特别国债的方式，筹集15500亿元人民币，购买了相当于2000亿美元的外汇储备作为中投公司的注册资本金。

在中投的官方网站首页显著位置，是这样一段颇具雄心的话：“中国投资有限责任公司作为长期从事外汇资金投资管理业务的企业，致力于成为世界一流的投资公司。我们的经营宗旨是在可接受的风险范围内，努力实现股东利益最大化。”

在成立后5年的投资中，中投迭有斩获，但也不乏失误，甚至不无被骗的经历。

是谁，骗过了基本都是经济学硕士、博士挂帅的中投？

答案是华尔街，时间是2008年秋天的国际金融危机期间。作为被骗的结果，中投谈判团队愤怒离开纽约，用华尔街金融家的话说，恼怒的中国人走时，甚至“都没有高兴地说一声再见”。

2008年，金融危机席卷华尔街，在华尔街五大投行中，老四雷曼兄弟破产倒闭，老三美林公司和老五贝尔斯登分别卖身给美国银行和摩根大通，老大高盛集团和老二摩根士坦利被网开一面成为商业银行。即便如此，摩根士坦利依然困境重重，要取得生存，该公司迫切需要外部投资。

2008年9月16日，雷曼兄弟宣布破产的第二天，华尔街陷入剧烈动荡之中，摩根士坦利股价跌破20美元大关，要知道，就在一年前，它的股价还在60美元上方。美国没有跌停板制度，涨起来涨得让人心花怒放，但跌起来更跌得让人心惊肉跳。

焦虑中的摩根士坦利董事长兼首席执行官麦晋桁（John Mack）赶紧给时任美国财政部长的保尔森打电话，对他说："我们必须采取行动。"他期望美国政府能采取紧急行动，拉摩根士坦利一把。

刚刚拒绝拯救雷曼兄弟的保尔森，自然也不会对摩根士坦利有特别的承诺。他的回答很直接，他警告这位昔日的华尔街同僚："摩根士坦利垮台的后果将是巨大的，约翰，我认为，如果你能够的话，你应该卖掉它。"

作为一名黎巴嫩移民的后代，麦晋桁绰号"小刀麦克"（Mack the Knife），以能够大力削减成本开支在华尔街著称。但华尔街当时面临的，已不是成本控制那么简单的局面。在金融危机期间，甩本拍卖，断尾求生，乃至主动低价卖身，成了华尔街的生存之道。贝尔斯登首开先河，雷曼兄弟无人购买成为历史绝唱。政府更多成了掮客，保尔森做了牵线搭桥的红娘。

作为华尔街的第二大投行，摩根士坦利既不甘心成为雷曼第二，也不甘心像美林一样成为被并购的对象。保尔森在回忆录中说，麦晋桁和他的团队准备继续一搏，争取在最后被清盘前能融到足够的资金。

麦晋桁也并非一点底气没有。作为一位叱咤华尔街的金融大亨，他有着敏锐的观察力。

在他看来，摩根士坦利毕竟和雷曼兄弟或贝尔斯登不同，在华尔街五大投行中，唯有摩根士坦利能和高盛集团平起平坐，如果摩根士坦利垮台了，高盛也将噩运难逃。而保尔森是高盛的前董事长兼CEO，他也不敢只救高盛而不顾摩根士坦利。

▲纽约证券交易所

但对政府来说，具体哪家企业存活其实并不重要，重要的是不管它破产还是扩张，都别对市场造成冲击。保尔森正是基于这个原因，要求摩根士坦利被并购；时任纽约联储银行行长的盖特纳（Timothy Geithner）更直接发出指令，要求摩根士坦利和摩根大通（JP Morgan）合并。

对于盖特纳的指令，麦晋桁勃然大怒。据说，他盛怒之下曾要求他的秘书去“告诉盖特纳，操他娘的”。

摩根士坦利原是摩根大通的投资部门，20世纪30年代“大萧条”后，美国国会基于混业经营导致风险增大的教训，通过《格拉斯—斯蒂格尔法案》（Glass-Steagall Act），禁止公司同时提供商业银行与投资银行业务。原来的摩根大通因此将投资业务剔除，转为纯商业银行；原来的投资部门则演变成摩根士坦利。兄弟分家，和气尽失，两摩关系从此不尴不尬。

有道是“好马不吃回头草”，对麦晋桁来说，逼迫摩根士坦利重回摩根大通怀抱，形同对他和公司的侮辱，这是他最不愿意做的事情。难怪他对盖特纳的指令火冒三丈甚至口出恶言。

但形势不以人的意志为转移，大摩必须找到自己的生存之道。

为摆脱危机，除了和美国第五大银行的美联银行展开密切谈判外，麦晋桁决定漫天撒网，只要有收购意愿的对象，就主动和其谈判。

他瞄准的另一个主要对象，就是中国的中投公司。

中投作为中国的主权财富基金，手中拥有2000亿美元，2007年，中投出资56亿美元，收购了摩根士坦利9.86%的股份，可谓和大摩利益休戚与共。

更主要的是，中投原先投资的50多亿美元，当时已缩水到只有2007年12月投资时的一半。当然，中投对黑石（Blackstone）的投资更为惨烈，当时价值已跌至原先的70%。如果摩根士坦利挺不过金融危机，中投的投资将颗粒无收。按照《纽约时报》记者的话说，中投总经理高西庆“将可能失去工作”，中投不可能见死不救。

时任中投公司董事长的楼继伟就曾自我解嘲说，当时摩根士坦利寻求中投的投资，中投欣然同意投了50亿美元，他自己还觉得这就好比自己“守株待兔”等到的兔子，“如果看到一只大肥兔，我们肯定要抓住”。但不想自此之后，大摩股价一路下滑，楼继伟调侃说：“也许，有人觉得我们才是被摩根士坦利逮住的兔子。”

摩根士坦利随即和中投展开接触性商谈。按照行程安排，高西庆2008年9月15日（星期一）抵达旧金山访问。尽管中投方面对此的解释是，高西庆是前往阿斯彭（Aspen）出席私人股本业传奇人物特迪·福斯曼(Teddy Forstmann)组织的一场会议。福斯曼被认为是少数预言了这次国际金融危机的人物之一。他曾指出，2001年“9·11”事件后，美国实行过度宽松的货币政策，导致市场货币供应过量，这势必加剧投机，从而爆发金融危机。

在摩根士坦利和中投官员的协商下，高西庆将改变原定行程，于9月19日（星期五）抵达纽约，与麦晋桁商谈注资事宜。

麦晋桁向保尔森透露，根据他们的接触和初步判断，中投似乎也对注资摩根士坦利有意，“我们得到的所有信号显示，他们希望从你这里得到一些保证和鼓励。”

然后，他建议，保尔森直接和中国政府接触，尽可能帮助促成这一交易。“要让中国人感觉到，他们是被邀请来应对问题。”麦晋桁解释说。

毕竟，涉及大笔金额的投资协议，如果没有相关政府的支持，很多情况下将不大可能顺利实现。英国巴克莱银行也曾有意收购雷曼兄弟，但就是得不到英国政府的批准，雷曼兄弟才因此走上了不归路。

保尔森对麦晋桁说，他会为此努力，并积极和中方高层保持联系。在以前一系列的并购中，保尔森似乎有意洁身自好，还对涉及海外的并购采取了回避态度，但基于金融海啸正在扩散，他的所谓回避原则也悄然发生了变化。

但作为一笔庞大的投资，保尔森认为，光自己出马，分量可能还不够。他考虑让总统布什亲自出马，由布什和中国国家主席胡锦涛直接接触，讨论这一问题。

2008年9月18日，星期四，摩根士坦利股价继续暴跌，在过去4个交易日，大摩股价下跌幅度已超过了42%。摩根士坦利拿不到外部资金就无法生存，这成为外界共识。其寻求中投注资，也成为各大媒体报道的焦点。

总部位于纽约的彭博通讯社（Bloomberg）引述不愿透露姓名的大摩高管的话说，大摩很可能会向中投出售至多49%的股权。当然，此人也强调，交易仍在秘密进行，也可能最终“无果而终”。

除了和美联银行、中投进行接触外，《纽约时报》当天报道说，根据他们取得的资料，麦晋桁其实还与花旗集团的首席执行官潘迪特（Vikram Pandit）进行了接触，向后者游说两大机构进行合并，但遭

▲雷曼总部大楼。中间是硕大的世界地图，或许暗藏有“世界于我囊中”的霸气，只可惜，一场金融危机，将投机的雷曼碾成齑粉，158年的历史顿成绝唱，让人唏嘘感叹

到了潘迪特的拒绝。

大摩正在为生存而战。该公司发言人马克·莱克（Mark Lake）向外界说："公司最聪明的人正集中精力寻找解决办法。"为安抚投资者，麦晋桁当天对公司员工说，公司的营收和资产负债表很健康，因此绝对不会步雷曼和贝尔斯登的后尘。

但是，简单的安抚并不能解决问题，摩根士坦利的股价仍在暴跌，新的一张多米诺骨牌已摇摇欲坠。

9月19日，星期五，摩根士坦利和美联银行的谈判破裂。

中投成为挽救摩根士坦利的最大的希望。当天，高西庆带着中投的随从人员匆匆抵达纽约。为了向中投表示诚意，麦晋桁当天公开宣称，摩根士坦利与中投之间的关系已变成一种"真正的战略关系"。

夜色苍茫，华尔街一片灯光闪烁，一身休闲西装的高西庆进入摩根士坦利总部，谈判就此开始。据说，中投同意再向摩根士坦利注资100亿美元，50亿美元用于股权投资，50亿美元用于借贷，作为交换，摩根士坦利向中投出售49%的股权。

尽管对于这一条件略有不快，麦晋桁已别无选择。他同意了这一条件，并要求双方就此基本条件进行谈判，中投的谈判团开始审查摩根士坦利的具体经营状况。

大方向已定，一切在按部就班进行。当天的《金融时报》还援引摩根士坦利高管的话说，大摩和中投的合作将是"天作之合"，因为与现金充沛的中投公司合作，可能有助于重塑投资者对大摩业务的信心，"中投公司的支持应能让市场放心，相信摩根士丹利拥有足够的资源，在当前的金融动荡中生存下来"。

为促成中投尽快达成协议，避免夜长梦多，保尔森也开始从政治层面展开行动。

自金融危机爆发以来，中美高层一直保持着密切的联系。在一个月前的北京奥运会期间，陪同美国总统布什观看奥运会的保尔森，就在“两房”问题上和中方保持了密集的磋商。

现在，华尔街又遇到了新问题，保尔森决定再次向中方求助。按照保尔森的回忆，2008年9月20日，他就摩根士坦利的情况向美国总统布什介绍了相关情况。他告诉布什，可能需要他就这个问题直接和中国国家主席胡锦涛进行沟通。

但保尔森也指出，接触问题必须巧妙安排，“因为美国总统不应表现出直接对中国国家主席提出对美国机构进行投资的要求。但假如中方似乎有达成协议的意思，我们应该安排这样一次对话。对于中方和我们合作应对当前资本市场问题，（美国）总统将向胡锦涛主席表示感谢”。

欲拒还迎，拿腔拿调，这是外交的特色，也是政治的需要。

当天傍晚，保尔森直接和国务院副总理王岐山通了电话。在电话前，保尔森也是犹豫再三，他预估说，这将是一次“艰难的对话”。

在与中方高层接触后，保尔森给时任白宫国家安全助理哈德利打电话，告诉后者，“我认为中国不会向摩根士坦利投资，因此，总统给胡打电话也就没必要了”。

但保尔森有所取舍的回忆也未必就完全正确，《纽约时报》记者安德鲁·索金（Andrew Sorkin）就说，其实，保尔森在与中方的接触中更多是保证，中方如果能向摩根士坦利投资，那将是“非常积极的

▲百老汇大道与华尔街交汇处的三一教堂

▲一辆出租车驶过摩根士坦利办公楼前。车辆来去匆匆，大摩则危机重重

举动”。根据他的采访记录，即使到2008年9月21日，保尔森还在敦促麦晋桁加快与中投的谈判进度，并对麦晋桁的抵制态度进行了严厉的批评。

中投的谈判队伍还在紧锣密鼓地和摩根士坦利就细节问题进行磋商。在许多知晓谈判内幕的人看来，由于摩根原先的承诺以及美国官员也就相关情况向中方作了某种保证，因此最终中投入股摩根士坦利已是板上钉钉的事情，双方一旦就一些具体条款达成协议，交易即可完成。

中美高层的直接介入，更似乎给这一投资协议打了保票。

北京时间2008年9月22日，中午12:26:03，新华社播出电讯，题目为“国家主席胡锦涛同美国总统布什通电话”。

电讯全文如下：

新华社北京9月22日电　国家主席胡锦涛22日上午应约同美国总统布什通电话。双方就中美关系及美国经济金融形势等问题交换了意见。

布什首先祝贺北京奥运会、残奥会取得圆满成功，感谢中方对他在出席北京奥运会相关活动期间给予的热情款待。胡锦涛感谢美国政府和人民对北京奥运会、残奥会的支持。

布什向胡锦涛介绍了美国经济金融形势近况，表示美国政府认识到问题的严重性，已经并将继续采取措施稳定美国和国际金融市场。

胡锦涛表示，我们注意到美国政府为稳定国内金融市场已采取了一些重要措施，希望这些措施能够迅速见到成效，以使美国经济金融状况逐步得到改善和好转。这既符合美国利益，也符合中国利益，也有利于维护国际金融市场稳定，促进世界经济平稳健康发展。

胡锦涛说，近年来，中美关系总体保持积极发展的良好势头。两国高层往来密切，各领域交流合作不断加强，中美战略经济对话和战略对话机制不断深化并取得积极成果。中方愿同美方继续共同努力，加强对话、交流、合作，妥善处理彼此利益和重大关切，特别是要妥善处理台湾问题，推动中美建设性合作关系持续稳定向前发展。

从时间来推算，北京时间22日上午，对应的正是华盛顿时间21日晚上。考虑到电讯稿处理需要的时间以及布什早睡早起的习惯，因此这次通话很可能是在21日傍晚时分举行的。

出于可以理解的原因，电讯稿未提双方就摩根士坦利投资事宜进行的商讨——两国元首讨论的是双边和国际重大关切，大摩注资固然重要，但毕竟是单个企业问题。但从保尔森先前的铺垫看，谈话涉及这个内容是天经地义的。

路透社在北京时间9月22日23:24:23（即华盛顿时间22日上午）发出的一篇报道还分析说，中国方面的消息没有提到“胡和布什是否讨论中国机构对美国金融企业可能的投资，后者正拼命寻求补充资本金以应对房贷和证券减值”。

该报道还言之凿凿地说：“拥有2000亿美元的中国主权财富基金——中投公司，正和摩根士坦利谈判增加其已拥有的9.9%的股份。”

但其实，就在这之前，一个不为中国人所知的情况发生了，在稳住中投的同时，摩根士坦利也在和日本最大的银行三菱日联银行进行接触，到21日下午，谈判已近尾声，双方达成初步协议，三菱日联银

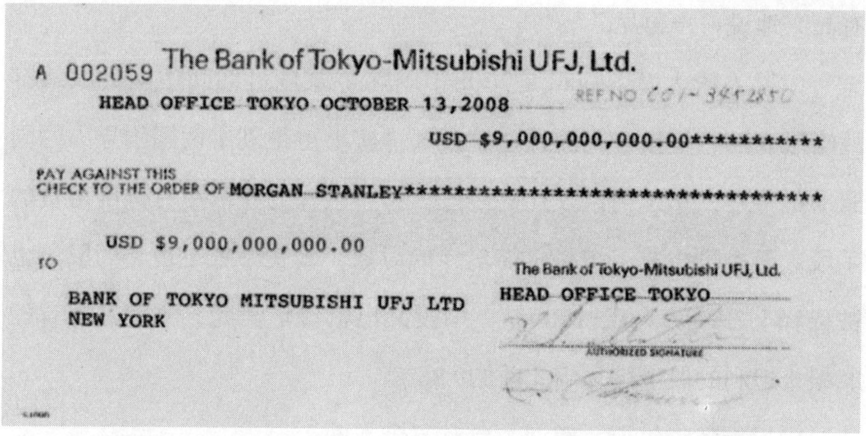

▲三菱日联银行开给摩根士坦利的支票，90亿美元。加上小数点后的两个零，总计11个让人目眩的零。这张据称有史以来最大面额的支票，从某种意义上也说明了金融海啸的惨烈程度

行同意向摩根士坦利注资90亿美元，取得摩根士坦利20%的股权。

但当时的新闻报道中，仍充斥着摩根士坦利可能被美联银行或中投公司并购的传闻，比如上述的路透社的报道。看到这样言之凿凿的消息，许多知晓内幕的摩根士坦利高层哈哈大笑。

21日傍晚时分，高西庆再次来到摩根士坦利谈判现场，他和中投公司其他人员都对摩根故意延缓谈判进程大惑不解。但他随即就了解到，摩根士坦利狠狠地耍了中投一把，摩根已和日本方面达成了协议，而不明就里的中方人员，还在坦诚并认真地就相关注资问题紧张工作。

高西庆再也抑制不住心中的愤怒，他随即下令，所有中投人员立刻放下手中的工作，离开纽约。随后，他们径直走过大门，拂袖而去。一些摩根士坦利的官员回忆说，恼怒的中国人走时，甚至“都没

有高兴地说一声再见”。

中投入股大摩，应该是2008年国际金融危机期间中国最大最有战略眼光的一笔投资，而且这笔投资事实上也得到了两国领导人的同意。但最终，华尔街以狡诈的手段，将中投作为获取更有价值融资的手段。而中投，成了被华尔街玩弄的对象，其在摩根士坦利的股份也被稀释至7.68%。直到2009年，中投又出资12亿美元，才使其持有的摩根士坦利的股份恢复到此前的9.86%。

中投折戟华尔街，教训主要有三个方面：

第一，重大投资，尤其是牵涉数十亿美元的投资，必须有高层的支持和肯定。没有的话，不大可能成功。

2007年的时候，我曾经跟踪过一个新闻，南京汽车厂在美国中西部设厂，当时美国舆论闹得沸沸扬扬，认为中国车终于要进军美国市场了。但我询问了当时的大使馆，他们却是一头雾水。如果官方一无所知，那基本是骗人的，根本不可能成功。

第二，提防美国方面的欺骗。对很多美国企业来说，中国企业对国际业务不熟，很多时候成为他们获取更有利合同的一个筹码。比如大摩，它在跟三菱谈判时，因为有中投做底，所以胸有成足，可以谋求更好的条件，而中投还傻呵呵地等待签合同呢。

最后，合同签订要审慎，签订前的承诺不作数。签订合同前天花乱坠，一旦获得更好对象，马上不认账。在这个方面，美国其实还稍微好一点，其他国家，类似问题其实更多。因此，合同非常重要，必须有专业的人士研究相关国家的各项规定，避免签订有漏洞和瑕疵的各种协定。

图书在版编目（CIP）数据

谁坑了中国企业？/刘洪著.—成都：四川人民出版社，2016.1

ISBN 978-7-220-09657-0

Ⅰ.①谁…　Ⅱ.①刘…　Ⅲ.①企业–对外投资–案例–中国　Ⅳ.①F279.23

中国版本图书馆CIP数据核字（2015）第239321号

SHUI KENGLE ZHONGGUO QIYE

谁坑了中国企业？

刘　洪　著

责任编辑	江　澄
版式设计	戴雨虹
责任校对	蓝　海
责任印制	祝　健
出版发行	四川人民出版社（成都市槐树街2号）
网　　址	http://www.scpph.com
E-mail	scrmcbs@sina.com
新浪微博	@四川人民出版社
发行部业务电话	（028）86259624　86259453
防盗版举报电话	（028）86259624
照　　排	四川胜翔数码印务设计有限公司
印　　刷	成都东江印务有限公司
成品尺寸	166mm × 239mm
印　　张	14.5
字　　数	155千
版　　次	2016年1月第1版
印　　次	2016年1月第1次
书　　号	ISBN 978-7-220-09657-0
定　　价	35.00元